シニアパッカー 世界遺産の旅

山﨑喜世雄
村上哲夫

イスファハンからイスタンブール4000キロ

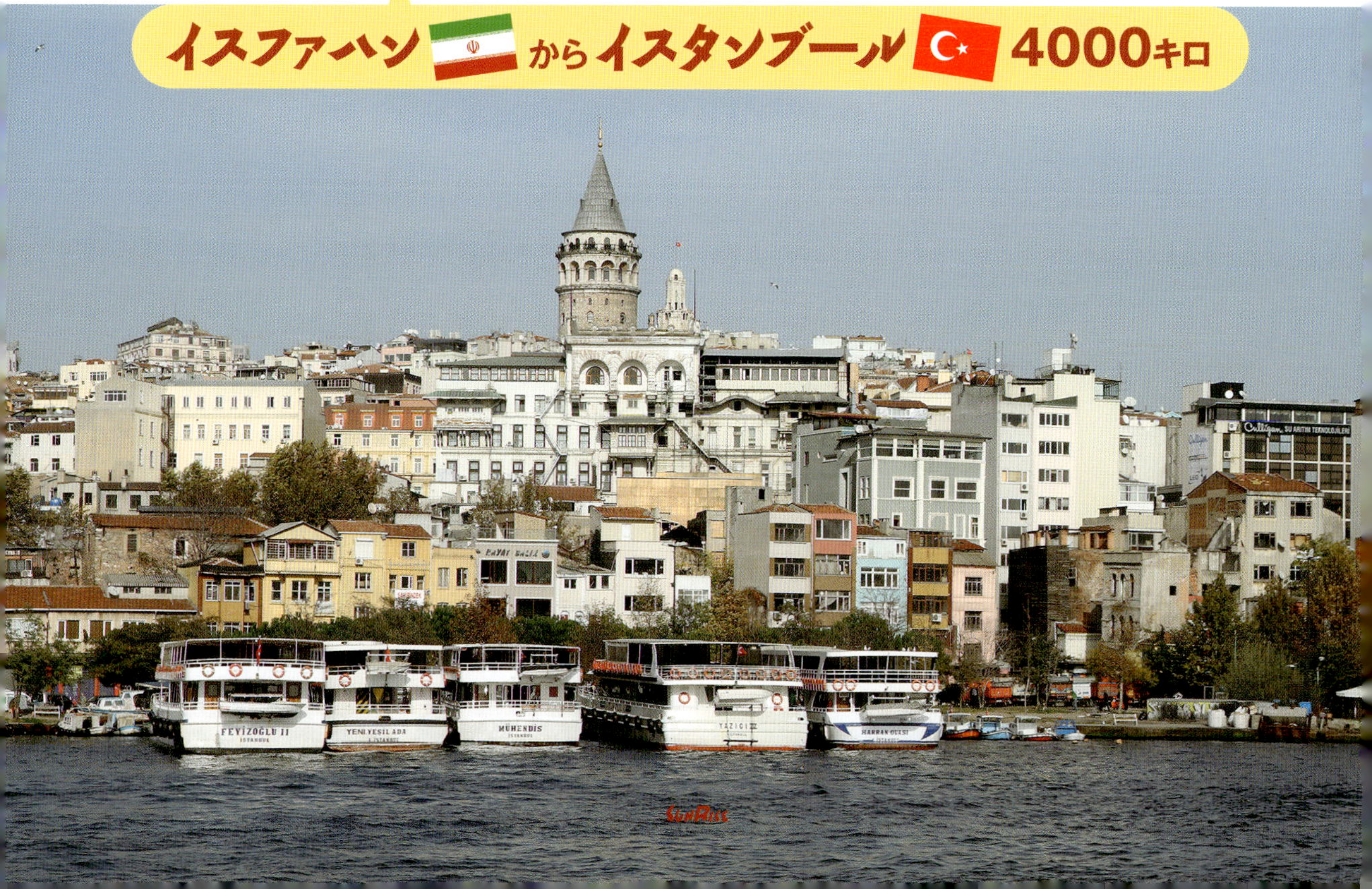

シニアパッカー世界遺産の旅　目次

扉ページの写真は、上から、イマームモスク（イラン）、ガラタ塔とイスタンブール・カラキョイ地区（トルコ）。

２ページの写真は、右から、マスジェデ・ジャーメ、レーザー・ファミリー、タブリーズの絨毯バザール（以上イラン）。

３ページの写真は、右から、アララト山、ディヤルバクルの市場、ネムルート・ダゥ（以上トルコ）。

緊迫のイラン入国深夜便

テヘラン空港の入国審査で一人だけつまみ出されたときには、この先にどんな事態が待ち受けているのかを想像して、身の毛もよだった。

山﨑喜世雄・文

イラン入国の出来事

イランへ入国するのは、このときで三度目である。

これまでの入国手続きでは何も問題はなかった。最初が二〇〇〇年で二度目は二〇〇二年だった。あれから八年経っている。大きな変化はないはず、そう思いながら、ぼくは入国手続きのパスポートコントロールの列に並んだ。

前二回と今回のイラン旅行で決定的に違うことは旅の相棒がついたことだ。

ぼくは国内でも外国でも気ままな一人旅が性に合っている（と思っている）。外国旅行は、一九八九年のトルコ旅行以来、出

村上哲夫・文

紺碧の空を見たいという思いに駆られて

山﨑喜世雄さんと初めて逢ったのは、確か二〇〇八年の夏のころだったと記憶している。

私が所属している趣味のテニスクラブに現れた彼のプレースタイルに、私は圧倒されてしまった。テニスといえば白黒テレビで見た、皇太子殿下と美智子妃の軽井沢でのテレビ映像が、当時小学生だった私の目にははっきりと焼きついており、白の襟つきシャツに白色の半ズボンこそが、大人のテニスの王道のスタイルとばかり思っていたのだが、彼は私の常識をなんの衒《てら》いもなく覆してしまった。彼の出立ちたるや、数年前に高校生の間で流行った「一球入魂」と大書されたTシャツだった。そのとき、彼のことを、あまり格好を気にしない人なんだなぁと、漠然と感じたのを覚えている。男性である私に対する彼のテニスのプレースタイルは、フォアハンドのライジングショットを得意とする、まさに豪球一閃のブンブン丸のテニスだった。

ところが、女性相手では豪球一閃のはずが、見事なほどのヘナヘナ球になってしまうのだった。この圧倒的なプレーの落差から、おそらく心根は優しい人なのだろうと、彼に興味を持ってしまった。何度か話をするうちに、東京の出版社で編集の仕事にたずさわっていたが、現在は奥さんと母親は東京暮らしで、彼は有機栽培の米作りにいそしむため、定年退職を機に出

張は除いて、単独で外国の旅を楽しんできた。ツアーに加わっての単独ではない。旅行エージェンシーには航空券の手配は頼むが、団体ツアーに加わるのではなくすべてひとりで計画しひとりで宿をとるという、まあ大胆不敵な旅である。それだけにいくどか危険な目にもあった。

そんなことを知ってか知らずか村上さんに、「あんたの旅行に一度ぜひお伴をさせてくれ」と言われたのが、旅の一年ほど前のことである。

聞いてみると村上さんも外国旅行が大好きだという。年に二、三回は奥方を連れて大手旅行会社が企画するヨーロッパツアーに参加しているらしい。とりわけ西ヨーロッパの国々は大体制覇したようだが、三十人前後で催行される駆け足チープ旅行をもっぱら愛用しているらしく、ご本人はどこかに充足感を味わえないでいる様子であった。ぼくはしばらくのあいだ気乗りのしない曖昧な返事でごまかしていたが、あるときにふと八年前に見たカスピ海周辺の豊かな広葉樹の林が思い出され、いまイランへ行ったらあの潤い深い広葉樹が色鮮やかな生地の滋賀県長浜市に戻り、ひとり暮らしを楽しみつつ、奥さんと実の母親の住む東京との間をトンボ返りしているとのこと。サラリーマンをようやく定年退職したのに、いまさら何を好んで単身赴任じみた生活をするのかと、人間山﨑喜世雄に対して興味が湧いてきたのだった。

そんな彼が写真展の開催案内をくれた。「私が訪ねた世界遺産」と題し、テーマは、「ローマ帝国の残照とイスラームの美」だった。さっそく、家内を伴い会場に出かけてみた。行ってみておどろいた。イラン人か、シリア人かはわからないが、煌めくような笑顔の子どもたちの表情に魅せられてしまった。近年こんなに屈託のない笑顔は、日本の子どもたちのなかには、見出すことはできなくなってしまった。そして藍より青い、突き抜けるように澄みきった青い宮殿（後日イスファハンのイマームモスクと知る）と、その青さを競い、決して勝るとも劣らぬ紺碧の空に魅せられた。その後も山﨑さんは、琵琶湖畔にほど近い、「みずべ」という喫茶店でとか、伊吹山麓の道の駅のギャラリーなどで、こじんまりとしたイスラームの世界遺産の写真展を精力的に開いていった。それから数か月後、今度は長浜市立図書館で彼は写真展を開いていた。そこでもまた、私が勝手につけた題名だが「イマームモスクと競い合う空」の写真を見てしまった。このとき私は、イマームモスクへは絶対に行かねばならぬと思った。そこで恐るおそる彼に頼んでみた。日本語以外はまったくしゃべれないけれど、いつでもよいし、期間も費用もすべて任せるからイマームモスクに連れて行ってほしいと…。すると彼は、それまでの旅行は一度の例外を除いてすべて単独行だったというのだ。これは体よく断られたのかなぁと思っていたのだが、しばらくして、彼が『ローマ帝国哀亡史の世界を探訪する　イスタンブール、雨…』という、長ったらしい題名の本を貸してくれた。「文・写真／山﨑喜世雄　発行者／山﨑喜世雄」とある。自費出版のトルコ旅行の紀行本だった。

普通の紀行文と大きく異なる点は、ローマ帝国の歴史に興味を抱いている彼が、ギボン著の『ローマ帝国哀亡史』の記載内容を、現地で忠実に検証しようとしていることだった。そして彼は、ただならぬほどの城塞・城跡・遺跡好きだということがわかった。しかし、ロー

かに紅葉している風景を見られるかもしれないと思った。そう思うと無性にイランへ行ってみようという気がメラメラと湧いてきた。それが二〇一〇年九月下旬のことだった。

それとなく村上さんの気持ちを探ってみるとふたつ返事で「ぜひ連れて行ってくれ」という。そこからはあまり知名度は高くない小さなエージェンシーに連絡を取り、三週間弱の旅程のうちのテヘランまでの往路、イスタンブールからの帰路の航空券の手配を依頼した。普通外国旅行をする人は、目的地までの往復の航空券を手配するのだが、ぼくのこれまでの旅では二つ以上の国を旅するときは、それぞれの国の国際空港と東京（成田または羽田）間の航空券を抑えておいて、あとは現地でチケットを手配するという変則なことをやっていた。これをやると、片道切符になるところは割高になる。

今回の旅行の計画は、まずイランに入国してイスファハンなどいくつかのスポットを巡ってタブリーズに行き、そこからトルコとの国境を陸路で越えてヴァンへ行き、東アナトリアを縦断した後にイスタンブー

マ帝国に対して全く予備知識のない私にとっては、読み進むのがとても苦痛だった。でも、イスタンブールというイスラム圏の文化的魅力は、その本を通じてひしひしと伝わってきた。そこで居ても立ってもいられなくなった私は、早速、家内を伴って「十五日間のトルコ大周遊」という大げさな名前のツアーに参加することにした。二〇一〇年三月末のことだった。ツアー旅行なので、自分が行きたいところへ行けるわけではないが、彼の著書のおかげで、ブルーモスクやアヤソフィアといったメジャーなスポットでも、他の人とは違う視点から見学できているという意味で、少々誇らしい気分になったことを覚えている。

そんなこんなで、イスラムに対する思いが最高潮に達した二〇一〇年の夏に、

「今年の稲の収穫を終えたら、イランから陸路トルコに入り、イスタンブールを目指しましょう！」

という、待ちに待った朗報が、彼からもたらされたのだった。

今回の旅に関して、私には二つの懸念があった。一つ目は、私は英語がまったく話せないということ、二つ目は、海外へはツアーでなら何度も旅行しているが、個人での海外旅行はまったく未経験であるということだ。しかしイマームモスクは絶対にこの目で見たいから、山﨑さんにおんぶに抱っこでもついて行こうと決めた。山﨑さんもきっと思ったことだろう。大変な奴と一緒に旅する羽目になっちまったなぁと…。さぁ行くぞ！

一億円の海外旅行保険に入ったら、イランでもトルコでもお好きなところへ、お好きなだけ行ってらっしゃいという温かい（？）家内の言葉に後押しされて、着々と準備を進めた…とはいっても、旅行行程の立案から宿泊先の選定・予約、イランへの入国ビザ取得や航空券の予約・購入に至るまで、面倒な事前の仕事はすべて彼に押しつけてしまった。もっとも、海外の個人旅行の経験がない私が、興味本位で口出しをすれば、彼もさぞやりにくいだろうと、ここは勝手に自分本位で考えることにした。

自分でやったことといえば、下の息子が大学の夏休みに、スペインを放浪した際に使っていたリュックサックを、艱難辛苦の末に見つけだし、肌着などを適当にパッキングしたこと

ルまでたどり着いてそこから帰国する目標をたてた。

　このルートで航空機の手配をすると、東京・イスタンブール間は往復チケットで、イスタンブール・テヘラン間は片道ということになる。こういう切符の手配は、エージェンシーのほうも面倒らしく手配に時間もかかるようだった。

　最初の目的国であるイランに入国するには、ビザが必要である。ビザは旅行代理店でも本人に代わって取得手続きをしてくれるが、用意する書類も多いし手数料もかかる。本人が直接申請するのが費用的にも時間的にもメリットはある。イラン大使館領事部は東京港区にあるので、村上さんの分も合わせてぼくが申請に行った。イランのビザは厳格である。入国予定日、出国予定日を申告するとその期間に限ってだけのビザが発行される。期間内であっても数次入国は許されないし、期間を越えることはできない。かつてシリアにも入国したが、何回でも入出国ができるビザだった。実際にはシリアからは、帰国まで出国しなかったが。


ぐらいだった。

　そしてついに、出発の日（二〇一〇年一〇月二六日）が来た。

　夕方のラッシュアワーに、大荷物を持って大阪駅で乗り換えをするのは避けたかったので、前広《まえびろ》に北陸本線長浜駅を出発する予定にしていたが、さらに予定より一便早い関西空港行き快速に乗ることができた。平日の昼とはいえ、ＪＲ琵琶湖線も関空快速もガラガラ状態だった。一五時四〇分にＪＲ関空駅に到着。景気低迷の影響なのだろうか、空港内の人の少なさにおどろいてしまった。中部セントレア空港も、ひところに比べるとめっきり旅行者が少なくなってしまったようだが、関空はもっと悲惨な有り様だった。両替所も閉まっているところが目立つ。

　旅行中に家族との連絡手段がないのは不安なので、ａｕのグローバルパスポートの端末をレンタルした。手続きは簡単で、ノキア端末、日額百五円だった。安い！　紛失保険への加入を勧められたが断った。保険料日額二百円だと…。紛失したら二万円の出費を覚悟だ。手続きをしてくれたＫＤＤＩの女性は、それにしても恐ろしく下手糞な字だったなぁと、妙なところで感心してしまった。

　あまりにもはやく空港に着いてしまったので、チェックインカウンター開設時刻の二一時二五分までは、たっぷり三時間半はある。いったいどうして過ごせばいいのだろうか。

　旅行者らしき人たちを観察していると、リュックを背負ったバックパッカーは皆無であった。私は九・五キロのリュックを背負っている。とても不安だ。旅行者は少ないながらも、男女比では女性が圧倒的に多かった。若い人も中高年も、女性は元気で小金持ちが多いということか。男性は仕事で忙しいのはわかるが、リタイアした男どもは枯れ果ててしまったのか。コロコロの付いた簡易のスーツケースを、ガラガラ引っぱる旅行者が一般的だが、なかには小さなショルダーバッグ一つで、国際線の搭乗口へと消えていく若者がいるのにはおどろいた。久しく感じたことはなかったのだが、若いってすばらしいなぁという思いが、沸々と湧いてきたことに少々とまどってしまった。これだけ旅行者が少ないと、売店の売り子の女性

イラン領事部の男性職員は「よい旅を」と言ってビザを貼りつけたパスポートを返してくれた。

イランは三回目である。いい旅になるに違いないとわずかな不安を抑えて大使館をあとにした。余談だが、東京の山手線の内側の絶好の場所に大使館はあるのに、ビザ申請に訪れていた人はまばらだった。日本人はぼくだけで、ほかには東南アジア系の人が数人であった。二〇一〇年当時だから、アメリカによる経済制裁が厳しく、日本政府もアメリカの顔色をうかがいイランでの石油利権を手放しているころだったから、旅行会社もまったくといっていいほどイランへのツアーは組んでいなかったので、申請者が少ないのも頷ける。

航空券、ビザの手配は順調に進み、あと懸念されるのは、イラン、トルコ国内における移動の手段と宿泊場所の確保である。イランは今回が三回目なので、以前にもお世話になったテヘラン在住のツアーガイド、レーザーさんにお願いした。

レーザーさんは、かつて日本で働いていたことがあり、少し言葉の使い方に難はあるたちも、さぞかし不安だろう。仕事が楽だという以前に、将来への不安が先にたってしまうだろうなぁと、少々気の毒な気分になった。それにしても閑散とした空港というのは、なんとも不気味で落ち着かない。

二三時に、カタール・エアウェィズの機内で、成田空港から搭乗してきた山﨑さんとの、ランデブーに成功した。座席は離れているが、まずはひと安心だ。

日付が変わって一〇月二七日。機内では、深夜一時三〇分に夕食として機内食がサービスされた。

機内食のメニューを紹介しておく。

前菜／クリーミーポテトサラダと、ピクルスの黒オリーブ添え

メイン／中東風鶏肉のソテー（選択で牛肉と黒胡椒のパイもありました）

角切り無花果《いちじく》とフェタチーズのピラフ　蒸しブロッコリー

デザート／カシスムース　ロールパン・バター　チーズ・クラッカー

これら以外に伝統的な和食のコース（メインは鶏肉のフライ・みぞれ餡《あん》のソースかけ）もあるとのこと、メニュー表を丸写しで紹介しておく。

飲み物はビールと赤ワインを頼んでみた。カタールのローカルビールがでてくるのかと、少しばかり期待していたのだが見事に裏切られて、バツが悪そうにハイネケンがでてきた。いやいや、キミだって私にとっては、友人としての資格を充分に持ったビールですョとつぶやく前に、唇から喉に向かって至福の流動で満たされてしまった。厳格な生活をモットーとしている私としては、少々恥ずべき行為だったかもしれない。ハイネケンを飲み干したあと、機内食の鶏のソテーに取りかかった。ほどよい脂分を含んだ鳥皮つきのモモ肉と、ドライの赤ワインが渾然一体となって私の味蕾《みらい》を刺激する。好みにもよるのだが、鶏料理のときは白ワインを合わせる人が多い。私は、ドライの白ワインはキンキンに冷えたのが好みなので、中途半端な冷え方で機内サービスされる可能性がある白ワインより、常温で充分に楽しめる赤ワインを注文するようにしている。もう何年も前になくしてしまったが、元「胃」が

るものの日本語の会話には問題はない。彼には事前にイランでの日程を知らせておいて、テヘランからイスファハン、イスファハンからシーラーズ、シーラーズからテヘランまでの国内航空券の手配をお願いした。同時に各滞在地でのホテルも抑えておいてくれるようにと。

一方、トルコ国内の移動は、国境を越えてからハタイ（アンタクヤ）まではバスを使い、ハタイからはアンタルヤに立ち寄ってからイスタンブールを目指そうと考えた。ハタイからは地中海沿岸沿いにバスで移動することも視野に入れたがどう考えてもこの区間は数日を要しそうなので、結局飛行機でと決めた。トルコ国内の飛行機での移動は、トルコに着いてから予約すると高くなることがわかったので、予めネットで予約をした。イスタンブール・テヘラン間はトルコ航空を利用したので、この特典を生かすことができたのである。ハタイから直接アンタルヤに入る便はなかったので、アンカラを経由することにした。

こうして万全の準備をして、いまイラン入国手続きに入るところだった。

あったあたりが温かくなってきた。ご飯がジャポニカ米だったこともうれしかった。私には心配無用のことだが、深夜の食事に対して、肥満を気にする人も多いだろう。周りを見回すと、全然食事に手をつけない人もいたようだ。しかしこの機内食は実に美味しかった。やはりハラール（イスラムの教えに則った調理）だからだろうか。カタール・エァウェィズのメニュー表に、そのようなことが書いてあった。もちろんエコノミークラスなのだが、座席シートは前後の間隔も広く、居住性はなかなかのものであった。またTVやゲームができるモニターも座席ごとに設置されていた。これで日本語の取扱い説明書があれば、もっと快適で痛快な旅が楽しめるのにと感じた。

現地時間の午前五時一五分、カタールの首都ドーハに着いた。

トランジットの客が大半なのだろう。ぞろぞろとカフェテリアのコーナー周辺でとぐろを巻きだした。カプチーノ（二人で十二ドル、釣銭一カタールリアル）を飲みながら、ただ待つ。ひたすら待つ！

一杯のコーヒーで、四時間も粘ったのは初めての経験だった。さらに、ひたすら待つ！

山﨑さんが、ブルック・シールズが沢山いるはずなんだが…というので、ブルック・シールズを求めて待合室周辺を散策。俄然、元気も希望も湧いてきたが、結局は見当たらず、徒労に終わってしまった。山﨑さんいわく。ブルック・シールズはアラブ人だったらしいと。それにしても、ブルック・シールズとはいかにも古いなぁ。そして、一〇時に待ちに待ったチェックイン。ホッと安堵の溜息が漏れた。

ドーハ空港はおどろくほど広い。しかもボーディングブリッジ（搭乗橋）がないから、駐機場内を搭乗機目指して、バスで延々と移動しなければならない。駐機場内は、舗装道路以外は赤黒く節くれだった頑固な荒地ばかりで、緑をうかがわせるものはぺんぺん草の一本すらない。

こんな風景を見て、私が大学生だった頃のことを思い出した。伊丹飛行場（今の大阪国際空港）の滑走路の表面温度を、一時間毎に測定するアルバイトを経験した。伊丹飛行場の滑

イミグレーションゲートの前は、飛行機を降りたばかりの乗客が大勢たむろし、ざわついていた。ゲートは例によってイラン人用と外国人用に分けられて五つほどあり、外国人は右側に集っていた。村上さんはぼくとは列が違っていた。いよいよ審査官の前に来てパスポートを差し出すと、チラと確認した後しばらく待てと言って、ぼくの後ろに並んでいた人をどんどん通していった。

ぼくは三回目の入国である。しかしパスポートは三年前に更新しているので以前の入国の記録はパスポートにはない。もちろんイスラエルの入国歴もない。ビザはちゃんと取得した。なぜゲートで止められるのか見当がつかなかった。

そのうち、たくさん並んでいた旅行者はすべて通過し、閑散とした光景だけが目の前にあった。一人の職員が来て、こちらへ来いと案内される方へ行くと、村上さんがひとりベンチで心許なげに座っていた。二人で顔を見合わせ、一体どうなっているんだと不安を口にした。真夜中の二時である。はたして入国できるんだろうか、もし入国

走路の表面温度測定は、あらかじめ配布された離発着時刻の空きの瞬間を縫って、滑走路に飛び出し、路面温度を表面温度計で測定するのだが、これが結構緊張するのだ。次の定時測定までは、のどかなひとときを滑走路脇の草むらで過ごし、定刻になればまた滑走路に命がけの（そんな大げさなものでもなかったが）突撃を繰り返したものだった。

だから私にとっての空港とは、時たまの金属音と圧倒的な風圧を伴って、緑の広大な庭に空飛ぶ鳳《おおとり》が迷いでる、そんな印象の世界だった。十年程前には、ドイツのブレーメンに近い空港で、滑走路脇の野原でピョンピョン飛び跳ねる野ウサギを見たこともあった。つまり、私の知る空港にはつねに緑があふれ、人間が自然との調和を大切にしていることを感づかせてくれる、象徴のような存在だと思っていた。

しかし、今ここにある空港はいったい何なのだ。自然が人間との調和を拒否しているのか、それとも人間が自然との調和にまで気が回らない、単なるその一過程に過ぎないのか、とにかく、節くれだった頑固な荒地がデッカイ面をして幅を利かせている。中東の自然といえば、サラサラ砂を連想してしまうのだが、目の前の頑固にひねた荒地の連続に愕然としてしまうのだ。さらに空はといえば、スモッグでグルーミーに濁っている。そんななかに様々な形状の高層ビル群と、日干しレンガ（…と思う）を積み上げた素朴そのものの民家が混在し、そのアンバランス感が奇妙な興味をかき立てるが、今回の旅ではビザなどの入国準備がない。待っていろよカタール。いつかどんな国か確かめに来てやるぞと心のなかでつぶやく。

のろのろと空港道路を走っていたバスが、突然停車した。前方を見ると、赤信号があるではないか。さらにおどろいたことに、駐機場の移動途中に踏切があった。しかも二か所も。遮断機が降りて停車したバスの前を、迷彩色の大型ヘリコプターが、ローターのひょろ長い四枚のブレードをゆさゆさと上下させながら、三機縦列でバスの前を横断していった。ドーハ空港はカタール軍と民間の共用空港だったのだ。

国境を有する国は、自国を守るため、さまざまな防衛上の仕組みに、多大な負担を強いられている。私たち日本人は国境といわれても、まったくピ～ンとこないが、国境を有する国

を拒否されたら、これからイスタンブールに次の便でとんぼ返りになるんだろうかというまったく想定もしていない事態に戸惑いは増すばかりであった。

これまでの一人旅では、トラブルは幾度か経験はあるものの、入国手続きで止められたのはこのときが初めてである。こんなはずじゃなかったとは、そのときのいつわらざる心境であった。

悶々としながら待つうちに一人の職員がゲート脇にあった仕切りだけの小部屋に我々を引き入れ、ひと通り滞在場所、旅行目的地、出国予定などを問い質した。そして机の上にあった弁当箱をやや大きくしたような白い箱を突きつけて、我々に手のひらを載せさせた上で、掌紋・指紋をスキャンして撮った。それが終わって無愛想に係官はもう行っていいよと身振りで示したのだった。我々は何がなんだか訳もわからないうちに通関し、イランへの入国を許された。空港の乗客出口を出ると、そこにはレーザーさんが巨体を揺るがしながら待っていてくれた。入国手続きが遅れた理由を説明すると彼は特に珍しいことが起きたというにとっては、こんなことは当たり前なのかもしれないのだ。これから訪れるイランという国も、トルコという国も軍隊を保有している。両国とも大むかしから、侵略されたり侵略したりを繰り返し、ヨーロッパとアジアの歴史に大きく名を刻んだ国だ。「イマームモスクと青い空」を見ることが今回の旅行の最大の目的だが、これらの国に住む人たちが何を考えて日々暮らしているのか、その一端でも垣間見ることができれば幸いだ…と思う。

先ほどブレードを、ビロンビロ〜ンとたわませながら、通り過ぎていったヘリコプターだが、参考までに帰国後調べてみると、このジェットヘリコプターは、アメリカ海軍が使用していた対潜水艦ヘリコプターの派生型で、カタール空軍向け武装多用途型ヘリコプター、コマンドMK3と判明した。まぁわかったところで、何の役に立つことでもないのだが…。広大な駐機場スペースで、なぜ、舗装道路以外は荒地だらけの未整備状態なのか、さらに謎解きをすると、ドーハ空港に隣接する海を埋め立てて、民間専用の新ドーハ国際空港を建設中とわかった（二〇一四年ハマド国際空港として開業）。

そろそろドーハからイスタンブールに向けて出発だ。おどろいたことに、機内は日本人だらけだった。旅物語（ＪＴＢ）・読売旅行のツアー客を確認した。キャビン・アテンダントの一人は、かつてはブルック・シールズだったかもしれない。ちょっと背が高すぎるのが難点という気もするが。彫りの深い顔立ちはアラブ女性の特徴の一つのようなので、彼女をブルック・シールズ第一号に認定することにした。これに憂いを秘めた眼差しがプラスされれば、世界のミスコンは、すべてアラブ系の女性が獲得してしまうのではないかと思ってしまうほどだが、今のところは神秘のヴェールに包まれたままだ。

現地時間一一時、トルコのイスタンブールに向けてテイクオフ。

同じカタール航空機なのに、この機の座席シートは前後の間隔が狭い。そのためか座席シートのモニターが近すぎて、肝心の映像が見にくい。それはお前さん自身の視力調整機能が劣化してきたからじゃぁないのという天の声のようなものが聞こえ、妙に納得してしまった。

そんなこんなで一五時一五分、イスタンブールのアタチュルク国際空港に無事ランディング

そぶりも見せず、「日本がイラン人の入国の際も同じことをやっているので、お互い様ですよ」と言った。それを聞いて、ああぼくたちだけが狙い撃ちにされたわけでなく、日本人ならみんなイラン入国のときはあんな仕打ちを受けているのかと妙に納得した。しかし、緊張した深夜の一時間あまりだった。

なんとかイラン入国を果たしホッとしている村上さんに対し、ぼくは追い討ちをかけるように次のように宣告した。

「いまこの瞬間から、どこにご自分の身があっても、その場所から日本まで帰国するにはどのようなルートを取ればいいかを絶えず考えておいてください。個人旅行はなにが起きるかわかりませんから」

彼はキョトンとし、一瞬どう反応してよいかわからない様子だった。

ガイド・レーザーさん

イラン国内を旅行するにあたって、数々の手配を行ってくれたのは、テヘラン在住のレーザー・バジザデ・ハマネさんであ

した。

トランジットタイムの過ごし方

ここでもテヘランまでのトランジットタイムは、たっぷり五時間はある。「アクサライ」まで食事に行くつもりでタクシー・バス乗り場に行った。

ここでほんの数分、時間を巻き戻して両替について。

二人で相談し、一人一万円をトルコリラに換金することにした。二店舗並んだ両替所で、まず山﨑さんが両替。百七十三トルコリラ。私は女性ディーラーがいる隣の両替所へついフラフラと…。百六十三・五三トルコリラだった。美人の笑顔につられて、十トルコリラ（約六百円）損してしまった。

さて、山﨑さんの計画は、テヘラン行の便のチェックインタイムまでの三時間半を使い、アクサライ（イスタンブール旧市街の中心地）まで行って、食事（今夜からイランに入国するので、向こう一週間は禁酒を余儀なくされるから、いまのうちにエフェスビールでも飲んでおこうという、温かい気遣いである）をしようというものだった。もちろん私にはまったく異存はなく、バスで行こうということになり、バス乗り場へ。タクシー・バス乗り場で、見知らぬ小父さんに、アクサライ行のバスについて山﨑さんが尋ねている。小父さんいわく、セイムバス（自分と同じバスだ。任せておけとでもいう感じなのだろう）。

このバスはタキシム広場行きで、アクサライは途中下車だとのこと。ところがほんの少し走ったら、渋滞に巻きこまれてしまった。片側三車線の道路が、ず〜っと先の先まで車で埋めつくされている。悪いことに、脇道からもひっきりなしに、この渋滞をめがけて車が突っこんでくる。図体のでっかいバスはこんなときは不利だ。タクシーや乗用車がバスの前に割りこんでくる。現地時間一六時三〇分　アクサライに本当に行き着けるのか、山﨑さんも不安気だ。

る。彼の年齢は詳しくはわからないが当時四十五歳前後と思われた。美しい奥さんと二男一女の五人で、テヘラン大学の近くのアパートの三階で暮らしている。ぼくは過去二回の旅も含めて三回ともレーザーさんのお世話になった。

彼は若いときに日本に出稼ぎに来て日本がすっかり好きになり、イランに帰国してからはもっぱら日本人相手のツアーガイドとして活動することになったらしい。日本の歌謡曲もよく聴くらしく、お気に入りの歌手は吉幾三さんであることは知っていた。お酒や焼酎も好きらしい。二回目の訪問のとき、今度自分の国を訪ねるときは水のペットボトルに焼酎を入れて持ってきてくれ、などと物騒なリクエストをいただいたこともあった。

奥さんはマスメさんといい、その名はイスラム教シーア派の聖地ゴムにお墓がある聖人の名前からとったものという。いつもファッションに気を遣い、その麗《うるわ》しい目で見つめられると思わずゾクッとするほどの美人である。レーザーさんはアゼルバイジャン人の血が入っていて髪の色はややブ

道路の中央を「メトロバス（専用レーンを走る新交通システムで、イスタンブールの渋滞解消の切り札として期待されている）」が、ノンストップで走り抜けるのを横目に見て、不安は募るばかりだ。テヘラン行きのフライトのチェックインタイムが一九時三〇分からで、テイクオフタイムは二一時三〇分と決まっているからだ。実は山﨑さんには、もう一つ不安があったようだ。彼がイメージしていたアクサライへの道と異なる道をバスが走っている。しばらくして、これはアクサライへ行く道ではないと、山﨑さんが言いだした。どうも渋滞を避けるために、運行コースを変更したのではないか、というのが彼の推察である。だからアクサライではなく、終点のタキシム広場まで連れていかれるだろうと…。つまり、終点のタキシム広場から折り返しても、テヘラン行のチェックインに間に合うのかと、新たな心配を始めているのだ。山﨑さんの目からすれば、私はきっと能天気に映り、イライラし、なぜこんな奴と旅行する羽目になったのかとさぞかし後悔したことだろうなぁと、あとから思った。自信満々に「セイムバス！」と言った小父さんは、後方の座席で居眠り中だ（狸寝入りかも?）。

バスは途中停車することなく、一八時にタキシム広場に到着した。どんな方法で空港まで戻るかを相談（…といっても山﨑さんが決断するだけなのだが…）し、乗ってきたバスで折り返すことになった。山﨑さんは運転手に、なぜアクサライに寄らなかったのかと詰め寄っているが、運チャンは、タキシムダイレクトとしか言わない。私たちはタキシム直行便に乗ってしまったのかもしれない。いまはこの帰り便が、何とか一九時三〇分に間にあうことを祈るばかりだ。一八時一〇分タキシム広場を出発。帰りも裏道を走っているようだ。山﨑さんは、日ごろに似合わず沈痛な面持ちをしている。このバスには多くの人が乗りこんでいる（大型トランク類が、バッゲージルームに放りこまれるのを私は見ている）。だからバスが大幅に遅れるようなら、多くの乗客はドボンだ！　一蓮托生《いちれんたくしょう》だ！　そう考えると、少し気持ちが落ちついた。

一九時一三分、バスが停車し乗客が降りだした。先を争って降りた。でも、ちょっとおか

ラウンであるが、マスメさんは正真正銘のペルシャ人と思われ髪は漆黒である。そんな二人から生まれた三人の子の長子シャイヤーンは金髪のイケメンである。イラン人には金髪は少ないため、小さいころから大人たちに可愛いとちやほやされてきた。性格は素直で少しやんちゃなところがあるが、日本語もそこそこにうまい。ぼくは十年前から知っているのでレーザーさんの家族が大好きである。

そんなレーザーさん家族に八年ぶりに再会するので、お土産を日本から持っていった。レーザーさんには吉幾三のCD、シャイヤーンなど子どもたちにはおもちゃの類を、そしてマスメさんにはファッション関係の雑誌とその付録（実は付録のほうがメインで本誌は目立たない）を持参し、レーザーさんに会うなりすぐに渡した。レーザーさんは喜んでくれて、マスメさんへのお土産はぼくたちがシーラーズから帰ってレーザーさん宅を訪問するまで包装を解かないでおくと妙に律儀に約束した。

こうしてぼくたちはあたふたと次のイスファハン行きの国内線に乗りこんだのだっ

しいぞ？　直感でここは違うと感じ、慌ててバスに戻った。幸い、まだ荷物を降ろしている。バスには下車しない客がいたので、またバスに乗りこんだ。どうもドメスティック（国内線）ターミナルだったようだ。

一九時二三分　国際線ターミナルに到着。

チェックインカウンターに行こうとするが、国際線ターミナルの入り口のドアが全部閉まっている。四月に訪れたときは、こんなことはなかった。訳もわからず入り口のドアを開けると、セキュリティチェックが待ち構えていた。係員にうながされるままに、セキュリティチェックを受け、ようやくにして、イランのテヘラン行きトルコ航空のチェックインカウンターに並ぶことができた。私たちが乗るTK八七四便（イスタンブール→テヘラン）は、トルコ航空のドル箱便なのかもしれない。窓口はA・Bにわけられていて、それぞれ五人ずつのスタッフが配されている。Bエリアの窓口に並んだが、遅々としてチェックインの作業が進む気配がない。もし日本だったらこの程度の乗客数なら二十分ほどでチェックイン処理はできていたはずだと、二人で毒づく。とうとう根負けしてAエリアに並び替えたら、パソコンのチェックイン作業用のソフトがフリーズしたらしく、係員はソフトが復帰するまで待つしかないと、しゃあしゃあとしたものだ。一方で、並んでいる全員がイライラを募らせる。日本なら係員は事情説明、別カウンターの開設など、考えられる色々な方策に手を尽くし、状況の打開を図るだろうに…。こんな調子じゃあ、トルコの観光立国なんて夢のまた夢だ。受け入れ態勢の構築・整備からやり直せ、教育も忘れるなと、またまた二人で毒づく。やっとのことで二〇時三〇分にチェックインできた。

ソフトがフリーズしたおかげか、十キログラム近くあるリュックを、キャビンに持ちこむことができた。係員はソフトがフリーズしているので、手続きが面倒な機内預かり荷物を、嫌がったのかも知れない。イラン入国を前にツキがまわってきたか、これでテヘランへのフライトの目処《めど》が立った。

二二時〇〇分、テヘランに向けてフライト！　これでようやくイランへの入国＝テヘランた。

イランの魅力

　ぼくが初めてイランを訪れたのは、二〇〇〇年の春であった。当時五十三歳で会社勤めだったのでけっして自由に休暇が取れる状態ではなかったが、永年勤続特典の特別休暇と有給休暇を合算して申請し、土日を合わせて都合二週間ほどの日程を組んで、イランとシリアを旅行した。

　イランはテヘランを皮切りにイスファハンとシーラーズを訪ねた。このときは折悪しくイランの新年ノールーズに重なってしまったのだが、ホメイニ師没後で国内には新しい息吹きのようなものが感じられ、人々の表情も明るかった。イスラム革命後、アメリカとの関係は国交が断絶していたが、アメリカ大使館前の道路に描かれていた星条旗が撤去（消去）されたばかりで、その関係改善に期待が高まっていたころである。テヘランでの数泊をレーザーさんのお宅でお世話になったが、そのレーザーさんもホメイニ師のことはあまりよく言わず、革命への道がひらけたと同時に、テヘランからイスファハンへのフライトの目処がたった…と、山﨑さんがホッと安堵の表情を浮かべた。私たちはテヘランでイラン入国手続き後、早朝のイラン国内便でイスファハンに行く予定なのだ。

　イランはイスラム諸国のなかでも、厳格な禁酒国だと聞かされていたし、旅行ガイドブックの『地球の歩き方』にもそのように紹介されていた。だからイスタンブールでは、トルコビールの代表格のエフェスかツボルフを充分に味わっておきたかったのだが…。イスタンブールの渋滞が儚《はかな》い思いをパァ〜にしてしまった。さぁこれからしばらくは禁酒なんだョなぁと、いまだに諦めきれないでいると、夢かうつつか幻か、機内でビールがサービスされはじめたではないか！　エフェスでもツボルフでも拒みませんょと心のなかで呟《つぶや》いたが、またもやバツが悪そうにハイネケン君の登場だった。国際線飛行中の機内は、領空内といえども治外法権ということなのか？　いやぁ満足、満足！　チェックイン時はあんなにトルコ航空に対して毒づいていた二人だったが、ハイネケンがサービスされた途端、トルコ航空はいいねぇと呟いてしまったのは、いささか節操に欠けることだったかもしれないと、ひそかに反省した。

　一〇月二八日、深夜一時、テヘランのイマーム・ホメイニ国際空港に到着した

イマーム・ホメイニ国際空港で、深夜の足止め

　この日の予定としては、午前二時ごろに空港内でガイドのレーザーさんと逢い、テヘラン→イスファハン、イスファハン→シーラーズ、シーラーズ→テヘランの国内線航空券を、手渡しで受け取るという手はずになっていた。夜中の二時に果たしてうまく逢えるだろうか？逢えなければどこにも行けないので、ちょっと心配だ。

　過去に何度となく入国審査を受けたことはある。中国へ行くとき以外はツアーを利用することがほとんどで、周囲に日本人が数多くおり、窓口でパスポートを差し出し審査官に愛想よく笑いかければ、入国スタンプをペタンと押してくれた。ところがこのときは違った。想

防衛隊についても距離を置いている様子だった。街にはイラン国産のペイカンと呼ばれる乗用車がいたるところに走っているのだが、日本など西側諸国の車と比べて明らかに貧相な仕様であった。人々は経済制裁にあえいでいても、それなりに工夫をして暮らしているようで、レーザーさん自慢の年代物のメルセデスベンツは、調子が悪くなってもどこかで調達した部品で修理を繰り返し、キビキビと走っていた。経済的にはこれからはきっとよくなるに違いないという希望が、人々を生き生きとさせているように感じたものである。

二度目の訪問は、二〇〇二年四月。このときはイラン一国だけの旅行だった。当時ぼくは「私が訪ねた世界遺産」というウェブページを立ち上げていて、前回の訪問では行けなかったチョガー・ザンビールという世界遺産を見ておきたいと思ったのがきっかけであった。九日間の日程でこのときもレーザーさんにガイドをお願いした。イランを取り巻く情勢としては9・11テロから半年ほど経過していたが、アフガニスタンと国境を接していて不穏な空気が漂い、

定外のことが起こったのだ。若い入国審査官は、私の愛想笑いを無視しただけでなく、パスポートをいじくりまわしたあげく、ホールの壁沿いにある長椅子を指差して、そこで座って待てといっているようだった。突然の予期せぬ出来事に、目の前が真っ暗になったような気がした。海外旅行では、何がなんでもパスポートだけは死守するというのが鉄則だと、山﨑さんに教わってきたのだが…。いとも簡単にパスポートを取り上げられてしまった。

私と同じような境遇に陥っている人はいないのだろうかと、他の窓口を注視したが、審査の列は順調に流れているようだった。私の審査官といえば、別の太っちょの審査官（彼の上司のようだ）を呼んで、何やら話しこんでいる。山﨑さんの審査が始まれば、事の顛末《てんまつ》がある程度把握できるかもしれないが、もし山﨑さんが無罪放免となった場合は、いったい私はどうすればよいのだろうか。そして私はどうなるのだろうか…と。私のパスポートは太っちょの審査官に渡されてしまった。そして山﨑さんの審査が始まった。やはり私と同様に、パスポートを取り上げられてしまった。

このとき一瞬だが、ホッとした気分になったのを覚えている。人の不幸を願うようなことは、本来あってはならないことなのだが、苦々しい胆汁のようなものが、食道を逆流してきた。この思いは旅行中も心のなかでとぐろを巻いていたが、山﨑さんには黙っておいた。このときの私は、さらに不幸なお友だちが増えることを願っていたのかもしれない。当日の旅行の備忘録にはこんな記載があった。

「ちょっと離れた審査ゲートで、一人の青年がパスポートを取り上げられた。しかし、少し調べられただけでパスポートを返してもらい、彼は入国を許可されたようだった。パスポートが臙脂《えんじ》色でなかったところを見ると、韓国人だったのだろう。結局、不幸なお友だちは、山﨑さんの他は現れずじまいだった。」

つまり日本人だけが狙い撃ちされたような気がしてならない。殺風景な別室に連れこまれて、あれやこれや（招待状を発行したのはだれだとか、旅行行程はどうなっているかとか）をしきりに聞いてくる。イランへの入国ビザを取得するには、イラン在住のだれかから、招

経済的にも見通しが暗い雰囲気であった。ツアーガイドで生計を立てていたレーザーさんは、観光客が減るだろうと悲観的に話していた。

そんな二回目のイラン旅行は、まずテヘランからアフワーズに飛び、そこからタクシーでチョガー・ザンビールを訪れた。そしてまた飛行機でイスファハンへ行き、そこからはレーザーさんのメルセデスで、テヘランまで砂漠越えを体験させてもらった。途中、シーア派の聖地ゴムに立ち寄った。

ゴムを訪問したときのことは鮮烈であり、いまも忘れることはできない。

シーア派の聖地といわれているところはイラン国内にいくつかあるが、イラン東部にあるマシャッドとともにゴムは、外国人異教徒がなかなか入れないところとされている。ぼくはテヘランに向かう車の中で、レーザーさんにゴムに立ち寄ってほしい、ちょっとでいいからゴムの街を見てみたいとお願いし続けた。ゴムはイスファハンからテヘランまでの経路のちょうど中間辺りにあり、レーザーさんも敬虔《けいけん》なイスラム教シーア派教徒なので、聖地のモスクに立ち

待状を発行してもらう必要があるのだ。私たちはガイドのレーザーさんから招待状を発行してもらっていた。山﨑さんが、あらかじめ用意しておいた滞在予定ホテルの一覧表や、ガイドのレーザーさんの住所のコピーを見せながら説明している。彼が準備したコピーと説明が功を奏したのか、さらにちょっと離れた別室に招じ入れられ、両手の全部の指の指紋を採取され、ようやく午前三時前に無罪放免となりイランに入国できた。そんなこんなで入国に手間取ったが、ガイドのレーザーさんとは空港待合室で無事対面することができた。

レーザーさんは流暢《りゅうちょう》な日本語を話す。現在進行形と過去形がごちゃまぜになるときがあるけれど、日本語しか喋《しゃべ》れない私にとっては、きわめて有り難い存在だ。その彼に入国審査時の顛末を話すと、イラン人が日本に入国する際、指紋押捺《おうなつ》を強制されることになった、それに対する報復の意味合いがあるのだろうと、しれっと言ってのけた。その言葉には、何の外連味《けれんみ》も感じられなかった。そのとき、文化の違いを少し感じた。後日調べてみると、日本では二〇〇七年一一月から改正入管難民法を施行し、テロリストや犯罪歴のある不良外国人の入国阻止を目的に、十六歳以上の全外国人を対象に、入国審査で指紋と顔写真の提供を義務付けると決めたのだった。イラン人だけが対象ではないことがわかった。今回のイラン入管の対応は、その報復の意味合いが込められているのだろうか。まぁこんな風に書くと、被害者意識ムンムンということになるのだが、それでテロリスト排除といった、戦略的互恵関係（WIN-WINの関係）を築けるのなら、まぁ少しは我慢せざるを得ないのだろう。

私たち二人は、これからイスファハン、シーラーズの世界遺産観光に出発しなければならない。この観光では現地のガイドを起用する予定なので、レーザーさんにガイドの仕事をお願いするのは、一〇月三一日以降になるのだ。彼はイスファハン、シーラーズ行の航空チケットを手渡すことと、私たちをメフラーバード空港（国内線専用空港）まで送るために、こんな時間に出てきてくれたのだった。メフラーバード空港までの約四十キロメートルを、レーザーさんの愛車のベンツで移動。このベンツがすごい車であった。一見して古い車だとは思ったが、一九八七年式と聞きおどろいてしまった。さらに積算距離計を見て絶句した。走行距離は泣

寄るのも悪くないと思ったのだろう。しぶしぶというそぶりでぼくの提案を受け入れてくれた。

　ゴムの街の印象は、これこそが砂漠のなかの街というものであった。無彩色、土色の建物が砂漠の表面に糊で貼りつけたように広がっていた。オアシス都市イスファハンとはまったく好対照である。その街の中心には第四代カリフ・アリーの娘、マスメさんのお墓があるモスクがあった。そのモスクの入り口が見える約百メートルくらい離れたところに車を止めたレーザーさんは、ぼくに厳命した。

「モスクに近づいてはいけない。もし車外に出ているときにだれかにからまれたらすぐに車の中に戻り、ドアをロックし私が戻ってくるまで待っているように」

と言い残し、レーザーさんはお祈りのためにモスクの中に入っていった。

　ぼくは少しぐらいならいいだろうとモスクの入り口近くの露店などを見物したり、壁の外からでも見えるモスクのやや黄味をおびたドームをカメラに収めたりしていた。そんなぼくの行動を見ていたオートバイに

く子も黙る、驚愕《きょうがく》の六十万四千キロメートルだった。

　以前、中国人の友人が、ビュイックのミニバンを商用で乗り潰したときの走行距離が、五十万キロメートル弱だったと言っていたのを思い出した。五十万キロでも大いにおどろいたものだ。私は過去四台新車に乗り換えたが、いずれも走行距離は十万キロ未満だったと記憶している。乗り潰すのは無理としても実用性重視で、今後はせめて十五万キロ位は乗ってやろうと思っている。それにしても一九八七年式で六十万四千キロとは。恐るべしベンツ。ただただ脱帽の世界だ。

山﨑さん惨敗を喫する

メフラーバード空港の待合室は、薄暗く鄙《ひな》びたとか、偲《しの》ぶったという表現がぴったりの場所だった。雅《みやび》な日本の空港とは、まさに対角にある。そんな雰囲気がもの珍しく、私はひとりで辺りをうろついていた。山﨑さんはといえば、レーザーさんと、イラン滞在中に利用するホテルの費用の清算とガイド料の支払いなどを手早く済ませて、ガイド内容の打ち合わせに移ったようだった。

　これまでの緊張と睡眠不足では、さすがの山﨑さんもさぞきつかろうと、ちょっとだけ心配になった。打ち合わせも合意に達したようで、これからチェックインカウンターに行くよと私に声をかけて、リュックを背負い、山﨑さんが歩きだした。こんな辺鄙《へんぴ》な空港で置いてけぼりをくらっては大変と、急いで戻ってリュックサックをあわてて担いだ。そのとき、彼のカメラバッグがまだ置いてあるのを見つけた。彼のカメラバックはとても重たかった。旅行前から散々、パッキングはコンパクトで極力軽量にとアドバイスされていたのだが、このカメラは相当重い。三キロ近くはあるんじゃないだろうか。旅行のモットーから、大きく逸脱するカメラの重さが、写真に対する彼の真摯な情熱と矜持《きょうじ》を表している気がした。一方で忘れ物に気づいたとき、彼がどのような反応をするのかにも、すごく興味が湧いたので、姑

またがった若者がぼくに話しかけてきたときに、緊張した面持ちでレーザーさんがモスクから出てきて、一緒にモスクに入ろうと言ってくれた。

　レーザーさんによるとモスクの事務室にかけあってくれて、入廟が許可されたという。ただしぼくは「日本人のキリスト教徒」ということで了解をもらったから、けっして仏教徒と気づかれるようなしぐさをしてはいけないという。キリスト教徒は、ムスリムやユダヤ教徒とともに「啓典の民」といわれている。いわば兄弟親類の関係なので、モスクへの入場も許されているらしい。モスクの中に入れてもらえるならクリスチャンであろうとユダヤ教徒になろうと構わなかったので突然の朗報にぼくは小躍りした。内部に入る条件としては他に「絶対に写真を撮ってはいけない」ということもあった。

　ゴムのモスクはそれまでにぼくが見たどんなモスクよりもすごいものだった。広い敷地の中には、二つのモスクがあった。それぞれに大きなドームを抱えている。イーヴァーンの前の広場はすべて美しい大理石

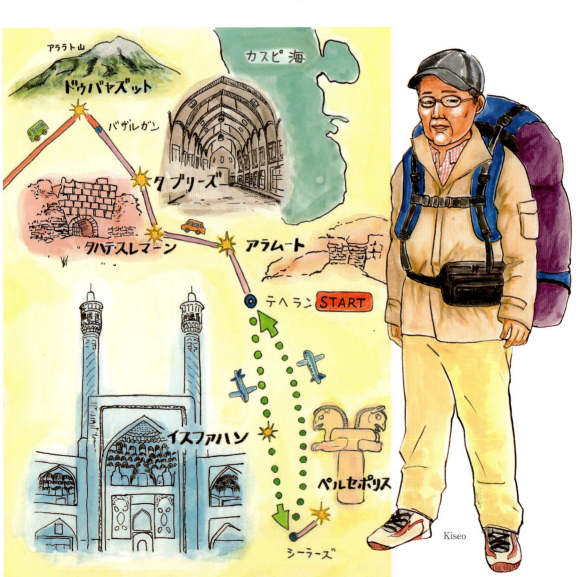

が敷きつめられている。ぼくたちは裸足で歩いたと思う。モスクの外の壁面、内側の壁面は極彩色のタイルで覆われていて、まるでこの世のものとは思われなかった。モスクのどこにいても、極楽あるいは天国とはこういうところではないだろうかと錯覚してしまうような美しさがあった。最初に事務室に案内されたのだが、その内部でさえも緑を基調とする極彩色で埋めつくされていた。レーザーさんの傍らでぼくはちょこんと聖職者の前に座ったのだが、彼はやさしく微笑んでぼくにいくつかのキャンデーをつかんで手渡してくれた。ブッディストであるのを偽ってそこに座っているぼくはなんという不敬な輩だろうと恥ずかしくなったのを覚えている。モスク内には、イラン国内の様々なところから巡礼に来ている人々がいた。そのだれもが外国人であるぼくに視線を向けて、やさしく笑顔を返してくれたことも忘れられない。ここで写真を撮れないことは本当に残念だった。

テヘランにしばらく滞在したあと、アルボルズ山脈を越えてカスピ海沿岸のラムサールに行き、そこからマスレというイラ

イラスト 草野十茂子

ン内に住む少数民族の村を訪れた。山肌にへばりつくように民家が散在している。ここはイラン人にとっても珍しい場所みたいで観光客がたくさんいた。

こうして二回のイラン訪問でテヘランを中心にイランの南北方面に関してはかなり精通した気分になった。イランは日本の国土の四倍くらいの面積があり、南のペルシャ湾岸地域と北のカスピ海地方では気候に雲泥の差があることも体験した。四月というのに湾岸のアフワーズ周辺では気温が四十度前後あり、ペットボトルの水をいつも傍らにおいて移動した。カスピ海沿岸は温帯に近い湿潤気候でみずみずしい緑でおおわれ、水田では田植えの最中だった。アルボルズ山脈の山嶺を境に砂漠の褐色と木々の緑がきれいに分かれているのを見たことも強烈な印象になった。

こうしてまだ体験していないのは、東西方向ということになったので、三回目のイラン訪問は、テヘランから西へ足を延ばすことを課題の一つと考えた。

息にも彼に声をかけることなく、カメラバッグを担いで後ろを歩いていった。チェックインカウンター前で、レーザーさんと三日後の再会を約束して別れようとしたとき、彼は忘れ物に気づいたらしく、あっと小さく声を発し、脱兎の如く薄暗い通路を引き返した。その慌てようが尋常ではなかった。カメラならここだョと、もっと早くから知らせておくべきだったと、ほんの少しだけ後悔した。しかし彼の動作の素早かったこと素早かったこと…、後にも先にも、たとえテニスのプレー中であっても、彼のこんな俊敏な動作はいまだ一度たりとも見たことがない。カメラはキャノンのプロ仕様のデジタル一眼レフで、購入当時二、三十万円はしたはずだから、彼としても俊敏に行動せずにはいられなかったのだろう。それにしてもカメラ一台が三十万円ですって。私にはカメラの価値を理解することはできないが、わかる人にはわかるんでしょうなぁ。

午前四時五五分、イラン航空でイスファハンに向けて出発。

すぐに機内食がでた。機内食といっても、パンにキュウリとレタスとパサパサの鶏肉をはさんだもので、口のなかがモタモタになり、飲みこむのにひと苦労した。これから食事には苦労するかもと嫌な予感がした。

駆け足で通りぬけたイスファハン

たくましいイラン女性と、よっぱらいのいない社会の健全なすがたがこの街にあった。イマーム広場と金曜のモスクの世界遺産を二つ抱えるオアシス都市は、空と同じく抜けるように澄んでいた。

三度目のイスファハン

テヘランからイスファハンの飛行場に着いたのは明け方であった。もうすっかり明るくて、空港からイスファハン市街までのタクシーからは郊外の様子がよく見えた。

ぼくは三度目の訪問になるが、なぜか空港から街の中心地までの印象がうすい。イマーム広場を中心とした市街の様子などはわりと把握できているつもりなのだが、郊外となるとさっぱりである。それだけ足を運んだ機会も少なかったということにちがいない。

川を越えればイスファハンだという認識はあったので、ようやく橋を越えたときは、町の匂いさえもが懐かしく感じられた。

レーザーさんが手配してくれたホテルは、イマーム広場から南におよそ三百メートルほど離れたところにあるサフィールホテルであった。二〇〇二年に来たときもこのホテルであったと記憶している。外観も内部も、外国人観光客が宿泊するには特に違和感も生じ

豪華ホテルで一発

六時イスファハン着。

ムスタファという運転手が出迎えてくれた。レーザーさんのアレンジだ。

七時一〇分、サフィールホテル（四つ星）着。ホテルは豪華絢爛ダブルベット仕様のツインルームだった。

『地球の歩き方』によれば、このホテルは中級クラスに分類されており、都会的なセンスで浴室は大理石が使われ、バスタブも大きいと褒《ほ》めてあった。確かにバスタブは広く円形ジャグジー仕様になっていたが、微動だにしなかったのは残念なことだった。体を洗うついでに、日本から着てきたシャツ、パンツ、靴下も洗ってみた。

九時三〇分まで束の間の休憩。

二日ぶりの睡眠（二時間ほどだが楽しみだ）。

以下の記載は、山﨑さんの了解なしではけっして公開してはなら

ない一級の施設である。

　ぼくが二〇〇〇年に初めてイスファハンに来たときは一人旅で、空港から乗ったタクシーの運転手に案内してもらった、ナフシェジャハンという安宿に泊まった。メインストリートに面していて、イラン人の宿泊客が多かった。その二年後には、レーザーさんのガイドでイスファハンに来たのだが、そのときは彼がナフシェジャハンに泊まり、ぼくは一人でサフィールに泊まった。きっとイラン人にとっては高級ホテルなんだろうな、ぼくだってナフシェジャハンでなんの不足もないんだけどな、なんてことを内心つぶやいていた。

　しかし今回の旅行は一小市民の村上さんが一緒である。ナフシェジャハンへ泊まったら、落ち着いて眠れないかもしれない。野人のぼくとは育ちが違うのだから。

　早朝の投宿ということで、成田空港からめまぐるしく過ぎ去った三十六時間の疲れを癒すべく、すぐさまベッドに身をゆだねた。

　昼ごろに目をさまし、すぐに市内観光と洒落こんだ。村上さんはイスファハンは初めてなので、めぼしいところに案内しなければならないのだが、ぼくとしてもまだ見ていないところにも行ってみたい。しかし欲張ると疲れが増すばかりだから、とりあえず頼んでおいたガイドにまかせることにした。

　サフィールホテルを出発してから二〜三キロほど進んだところで、ぼくは持っていたはずのカメラバッグがないことに気がついた。ホテルのロビーで打合せをしているときに、ソファの前のテーブルに置いてきたのだ。まずい、ここはイランだ。いくら一流ホテルとて、ロビーに置きっぱなしにされたバッグは、持ち主がいなければ気が

ないと思いつつ、備忘録として書き残しておく。

　山﨑さんがトイレに入ったようだ。しばらくすると「爆音一発！」私はウトウトしながら何気なく、羊が一匹ならぬ「オナラが一発！」と思ってしまった。

続いてオナラが二発！　オナラが三発！　あれぇ？　四発目は？

……気になって目が冴えてしまった。そのうちトイレが終わって
……あれぇ？　鼾《いびき》が聞こえる！　しかも大鼾が！　こっちは目が冴えて眠れそうにない！　どうしてくれるんだ！

午前中は、レーザーさんがアレンジしてくれていた、タクシー運転手のムスタファのガイドで市内観光にでかけた。

ホテルを出てしばらくすると、山﨑さんがうろたえたように「ホテルへ戻れ！」と吠えだした。タクシーは急遽ホテルへ！

ホテルに着いた途端、彼は脱兎の如くホテルに飛びこんでいった。

私は「トイレかなぁ？」と思っていたが…。

すぐに彼はでてきた。困惑の余韻を残したなかにも、安堵感が入り混じった複雑な表情をして…そしてその手には、見慣れたカメラバッグが握られていた。

彼は一日に二度も愛用するカメラに離縁状を突きつけたのだった。

まったく懲りない人だ！　山﨑さん屈辱の二連敗であります！

ミナーレ・ジョンバン（揺れる尖塔）、アルメニアンチャーチとアーテシュガー（ゾロアスター教の遺跡）を見学。

ムスタファのガイド料、三時間で十五USドル。高いのか、それとも安いのか？

車（プジョー）付きだから、まあ妥当な値段だと思っておこう。

ついた人間が持ち去ってしまうことはあるだろう。ぼくは半ば、消えてなくなったカメラバッグをイメージして観念した。取って返してもらったタクシーの中でも暗澹《あんたん》たる気持ちで、ホテル入り口に着くさま大あわてで駆けこんだ。カメラバッグは、テーブルの上に鎮座していた。なにごともなかったように。ホテルの従業員が気がついてくれていれば、カウンターで預かってくれているかもしれないという淡い期待をもって駆けこんだのだが、だれからも無関心を決めこまれたかのように、元あった場所にあったのだ。思わず腰がへなへなとなるような脱力感を味わった。ああ、イラン、とりわけイスファハンはいいところであると心から思ったものである。

これまでのぼくの旅のトラブルといったら数々あるが、多分に自分自身のへまに起因することが多かった。

かつてレバノンのベイルートのホテルのレストランで朝食を済ませ、街を少し散策してみようとホテルの外へ出たときであった。気がつくといつも腰に巻いているはずのウェストポーチがないことに気がついた。ポーチの中には、パスポート、財布、航空券が入っていた。これをなくしたら日本に帰国できなくなってしまう。当時ベイルートは内戦が終結してからまだ一年あまりしか経っていなくて、在レバノン日本大使館は空き家状態だった。このままだと難民になってしまう。ポーチはどこだ、そうだ、食事をしているとき座っている椅子の背もたれに引っ掛けたままだ。このときはほんとに顔面が蒼白になるほど気が動転し、あわててホテルのレストランに引き返してみたが、先ほどまでぼくが座っていた席には、もうほかの客が座っていた。よほどぼくはうろたえていたに違いない。ボーイ

ハリネズミはうまい

午後は山﨑さんの古い記憶にすがったガイドで、イマーム広場へ…。

その途中、街のレストランで昼食をとる。

山﨑さんは「チェロウ・ケバブ（白米とケバブ二本付のセット）」。

私は「チェロウ・モルグ（白米と鶏肉一ピースのセット）」を頼んだ。

もちろん私にとっては、初体験のイスラミック・ビールも一緒に。

私は食事に関しては、自分でいうのもなんだが…好き嫌いが少ない方だと思っている。結構いろいろな国のいろいろな食材を食べたが、いままでに出会った海外での食材でのナンバーワンは、六月中旬~七月初旬にかけての「ハリネズミ料理」に止《とど》めを刺す！ 日本人なら、野生のハリネズミの方が珍重されると思われがち（事実野生のハリネズミは中国でもほとんど市場に出回ることがなく、超貴重品の食材）だが、実際に野生のハリネズミ料理を食べてみると、やっぱり養殖の方が口にあうと思ってしまう。野生には野生の独特の異臭があり、それを消すために中国の料理人は、おそろしいほどの香辛料を注ぎこむらしいのだ。人間の価値観というのはおそろしいもので、多量の香辛料（何がなんだかわからないのはごあいきょう！）を使っているだけで、それを一種のステイタスだと思う人もいるし、食べてみて美味しくなければその価値を認めたくない人もいるだろう。

野生のハリネズミ料理は返す返すも残念なことに、私の口にはあわなかった。

が近づいてきて、彼の差し出した手にはぼくのポーチが握られていた。若い誠実そうな青年であった。こんなときにぼくはなんと言って感謝の気持ちを表せばよいのかもとっさにはわからなかったが、幾度もサンキューを繰り返したと思う。そして自分では吸わなくて何かの役に立つかもしれないと持ってきていたタバコのマイルドセブンを進呈したと記憶している。難民一歩手前だったのを救ってくれたのに、ずいぶん安上がりのお礼で済ませたものだ。

揺れるミナレットだが

　イスファハンには二泊（一泊は半泊みたいなもの）の予定だったので、効率よく名所を村上さんに見てもらわなければとは思っていた。イマーム広場周辺は二日目にじっくりと見物するとして、どうしても見せたいと思っていたのは、揺れる尖塔「ミナーレ・ジョンバン」とゾロアスター教の遺跡であった。十年前に前者は訪れているが、なぜか揺れるのを確認するまでには至らなかった。今回はぜひ自分で揺らしてみたいと思っていたのだが、ミナレットに上る階段に自分の体が入らない。そんなに太っている訳ではないのに侵入できないのである。これは村上さんも同様だった。そのときに、このモスクのスタッフと思しき若者がするすると中に潜りこみ、力一杯ゆすってミナレットが揺れることを証明してくれた。二つのミナレットのうち片方の塔を内部から揺さぶると、共鳴するかなにかしてもう一方も揺れるような構造になっているのだ。これは結構人気があるらしく、拝観料をとって観光客を呼びこんでいた。

　二〇〇三年当時、養殖のハリネズミは中国のスーパーマーケットで、生きたものが一匹六十元（八百円）で売られていた。こんなハリネズミを一度に八匹も食べたことがあったが、最近はハリネズミ料理を出す料理店もめっきり減ってしまったようで、中国食文化の洋風化への加速やファストフード化が懸念される。

　私はこのハリネズミの美味しさを知ってもらおうと、今まで五人の日本人の友人に勧めてみたが、一様に美味しいと断言する人はいなかった。

　このことは日本人の味覚に関する多様性からくるものなのか、私自身の味覚の特異性からくるものなのかは、現時点では明確にはなっていない。

　中国でのお薦《すす》め食材は、初夏はハリネズミ、冬は里芋、カエル鍋、オールシーズンでスッポンといったところだ。

　そんな味覚の持ち主の私は、羊の肉は残念なことにまったくといってよいほど受けつけないのだ。しかしイランの羊肉は美味しいかもしれないと思って、山﨑さんからケバブの切れ端をもらった。このケバブは私の予想通り、羊の脂の臭いがきつく全然駄目だった。沢山もらわなくて本当によかったと思った。

　彼は私がまったく受けつけない「羊肉のケバブ」を美味しい美味しいと言って食べまくる。しかし、やがてナイフの動作が緩慢となり、ケバブ一本が食べきれず、ナイフとフォークを置いてしまった。不味《まず》いわけではなく、量が多すぎるというのだ。私の鶏肉はおそらく胸肉なのだろう。パサパサでおそろしく巨大だった。ライスも大量のインディカ米だったので、口の中はパサパサ二重奏で喉の通り

ゾロアスター教（拝火教）は、ペルシャ人のネイティブな宗教である。その神殿がイスファハンの西方の小高い丘の上にある。丘といっても数百メートルの高さがある岩山でありその天辺《てっぺん》に神殿跡がある。ぼくは八年前にレーザーさんとともに登った。だから今回は登りたくなかった。村上さんには悪いけれどもう一度あのしんどい思いを経験するのは嫌だった。そこで、その岩山の裏手から眺めて写真を撮ろうという提案をした。彼はすなおにぼくの提案を受け入れてくれ、表通りの反対側から彼の愛用のルミックスで数枚の写真を撮って満足してくれた。

　この日、ガイドを引き受けてくれたムスタファさんは、予定していた時間が余ったらしく、次にアルメニア正教の教会へ案内してくれた。ここもぼくは八年前にレーザーさんのガイドで来ている。よほどイラン人はこの教会を見せたいらしい。ここには、教会の敷地内に博物館があり、二十世紀初頭のオスマントルコによるアルメニア人大虐殺の資料が展示されている。アルメニアとトルコ共和国は、二十一世紀になった今日でもこの大虐殺について責任を認めさせるか認めないかで争いを続けている。現在トルコ共和国の領土内にはアルメニア人の居住地はなく、カフカス地方にかつてソ連邦の自治共和国としてあったアルメニアがそのままソ連の崩壊ののちに独立している。そしてアルメニアはトルコと国境を接し、なおかつイランともお隣同士なのである。一体この三国の関係はどうなっているんだと思ってしまうが、この博物館を見る限りイランはアルメニアのキャンペーンについては好意的と感じられるのである。

が悪い。せめて鶏の皮が残っていれば、もう少し食べられたのになぁと残念に思う。私も途中でナイフとフォークを投げ出してしまった。

山﨑さんはケバブは一本残したけれど、インディカ米は完食！　さすがにお米を作っている人だと感心してしまった。私は鶏肉を半分、インディカ米は半分以上残してしまった。イラン人は大食漢ばかりなのか？

　それとも見慣れぬ異邦人の私たちに、サービスをしてくれたつもりなのだろうか。イスラミック・ビールは、期待したほどの味ではなかった。

　でもリンゴ味とかレモン味というのがあるらしいので、次回はそれを試してみよう。今回の旅行での私の最大の目的は、「イマームモスクと青い空」を見ることだったが、思ったより簡単に実現してしまった。

絨毯屋に気をつけるべし

「イマームモスク」はいつもイマーム広場にあるのだった。

「いつでもいいから、いくらかかってもいいから、イマームモスクに連れていってほしい」と、山﨑さんに頼みこんだそのイマームモスクが、ぜひ見たいと焦がれていた「イマーム広場とイマームモスク」が、いま私の目の前に広がっている。

　イマーム広場は、長方形の中央に噴水がある池が位置し、南に我がイマームモスク、北にゲイサリェ門、東にシェイク・ロトフォラ・モスク、西にアリー・カープー宮殿を配置し、これらを回廊状に工

イマーム広場　正面がイマームモスクのイーヴァーン、右のドームがイマームモスク。

芸品や、絨毯などのお土産屋が店を構えて、バザールを形成しているのだった。そしてイマーム広場は、観光客だけでなく、地元の人たちにとっても寛《くつろ》げる場所のようだった。私の心をウキウキさせたのは、その空の色にもあった。快晴…血統書付きの青空だ。前日のイスタンブールでは、曇りときどき小雨だったものだから、なおさらこの空の色は嬉しい。

イマームモスクのドームは期待通りで、快晴の空は瑠璃《るり》より深く、しかし藍《あい》より淡い色合いに見え、到底これまでに見たどの空の色とも異なるなかに佇《たたず》んでいたのだった。

明日の朝もこのイマーム広場にやってくる予定をしているのだが、明日はどんな空の色で迎えてくれるのだろうか？

まずは憧れのイマームモスクをカメラに収めよう！

イマーム広場が建造されたのは、確か西暦一六〇〇年ごろのことだと思う。ちょうど徳川家康が江戸幕府を開いた時代だ。

考えてみれば、当時の空気はもっともっと澄みきっていただろうから、それこそ筆舌に尽し難いほどの空の色が見られたに違いない。

そんなことを考えながら、イマーム広場からイマームモスク、シェイク・ロトフォラ・モスク、アリー・カープー宮殿にカメラを向け、シャッターを押しまくる。ときどき、山﨑さんが写したカメラアングルを確認させてもらうのだが、私の写真は明らかにその立体感において、彼の写真のそれより劣っていた。劣っているというようなものではなく次元をこえていた。

ちょうど広場の南（イマームモスク）と北（ゲイサリェ門）の歴史的価値ほどの差があった。この差が自覚できるということは、私

イマーム広場の東に位置するシェイク・ロトフォラ・モスク。

の「写真を見る目」も案外捨てたものではない…などと屁《へ》理屈を並べて自分を慰めざるを得なかった。シャッター速度と焦点距離が「写真映り」に与える影響について、都度教えてもらうのだが…頭のなかでは理解できているつもりなのだが結果に反映しないから辛い。

ＳＤカードは充分に持ってきたので、シャッターを押しまくって経験値を上げることにしよう。なにしろ被写体に困ることは、けっしてないのだから…。イマームモスクでの注意点として、山﨑さんが十年前の経験を話してくれた。

「日本語を勉強中だという若者は、要注意だと…」

言葉巧みにバザールの「絨毯屋《じゅうたん》」に誘いこみ、高価な絨毯を買わせようという、悪い輩がいたらしい。山﨑さんは買わなかったものの、絨毯屋まではついて行ったとのこと。私も充分に気をつけよう！

私が魅了された写真は、イマーム広場に面するイマームモスクの「イーヴァーン（二本のミナレットのある門のようなもの）」だった。この「イーヴァーン」のドームは、鍾乳洞を模したようにも見えるし、蜂の巣（ハニカム）をデザイン化したようにも見える。

ニホンミツバチの養蜂を趣味のひとつとしている私としては、ますます親近感を抱くロケーションであった。モスクの中央礼拝堂の天井ドームは、息を呑むほどの美しさで、特に藍色の彩色タイルは言いあらわせないほどナイーブで、思わず茫然自失となってしまう。この天井ドームをどのように文章表現すればよいのだろうか？

それは偏《ひとえ》に天才作家の仕事であって、残念ながら私の任ではない。それならば、イスラムの建築様式や、芸術（有彩タイルのデザインや色彩を含む）の粋を集めた天井ドームを、写真で表現しようと「イー

もはや自分の庭

ガイドしてくれたムスタファさんと別れ、ぼくたちは簡単な昼食をとった。

昼食後はいよいよイマーム広場への乗りこみである。広場に入る前から、ぼくの胸は高鳴った。これまでイスファハンに来るたびに広場には何度となく足を運んでいる。広場の配置などはもう頭に入っている。どこから広場に入ればよいか、いまいる位置からいちばん近い入り口はどこかなどは八年のブランクがあるとはいえまちがうことはない。そう言い聞かせながらぼくたちは広場の南西の入り口を通り抜けた。なにも変わってはいないはずと思いながら、広場を見渡すと、あれっ、前来たときとちょっと違うぞと思った。小ぎれいになっている。以前にはなかった樹木が整然と立ち並び、芝生のなかには大小の花壇がしつらえられていた。なんだこりゃ、イマーム広場が日比谷公園になってしまったじゃないかと思わず唸ってしまった。イラン・イスラム共和国のイスファハンといえども、やはり都市化の波は避けられないみたいである。これじゃお祈りするときに木や花壇が邪魔して座れないだろうと心配になってしまう。広場の端っこに立っても、南北約五百メートル、東西約百六十メートルの対極までが、なにも遮るものがなくて見渡せたのに、このまま樹木が生長すれば直線の美しい建物のスカイラインを遮ることは明らかである。惜しいかなイマーム広場。

イマーム広場が世界遺産に登録されたのはかなり昔である。世界

ヴァーン」を中心にバシバシとシャッターを押す。

ときどきモニターを確認するのだが、のっぺりとした写りだ。私が幼稚園や小学校低学年のころ描いていた絵と、その写りは大差がない。山﨑さんのそれはうまく陰影がついており、遠近法の構図を採ることによるものと思われた。

彼のカメラはプロ仕様だが、私のそれは軽量化に拘《こだわ》ったミラーレス一眼レフで、価格も三分の一程度の初心者仕様だ。それじゃあ私が彼のカメラで写せば、同質でなくてもそこそこの写真が写せるのかというと否なのだ。

彼の写真にはカメラ性能だけでは説明できない、経験に裏打ちされた閃《ひらめ》きが、臨場感や立体感となって、写真に映りこんでいるようなのだ。だからといってのっぺり写真ばかりでは……創意工夫の余地はないものか?

山﨑さんからシャッター速度・絞り、焦点距離、ISO感度などの関係についてレクチャーを受けるが…わかったような、わからぬような…。

とにかく、いまはイマーム広場を構成するイマームモスクやアリー・カープー宮殿、そしてマスジェデ・シェイク・ロトフォラが、おいでおいでをして私を待っていてくれるのだ。しかも空は抜けるような蒼天だ!

彼の写真と同じあの空だ! 四の五の言わずに撮らねばならぬ!

「イーヴァーン」に張りつき、そのドームのアングルを探していたら、青年が近づいて声をかけてきた。

「Where are you from?」

遺産条約がユネスコで採択され、発効したのは一九七五年のことだが、当時イランはパーレヴィ王朝の絶世期だった。この王朝政権はほぼ遺産条約発効と同時に四件の世界遺産を登録している。その一件がこの広場だが、当時は「シャーの広場」と称していた。シャーとは、ペルシャ王朝の帝王の尊称である。

ところが七九年のイスラム革命によってパーレヴィ国王がエジプトに亡命し、ホメイニ率いるイスラム原理主義政権が誕生したので、ペルシャ王権を想起するものは一掃されていった。それでもシャーの広場が建設されたのは十六世紀のサファヴィー朝アッバース一世によってであるので、シャーの広場という名称はその後も使われていたようだ。九〇年前半になって、ユネスコの登録名が「イマーム広場」と変わったので、このころにはイラン国内で完全にシャーではなく「イマーム広場」と呼ばれるようになったと思われる。イーヴァーンが広場の南側から北に向いて開いている「シャーのモスク」も、同時に「イマームモスク」と呼ばれるようになった。イマームは、シャーよりも格段にえらいのである。なお、ホメイニは、イスラム教シーア派では最高位のイマームである。

イマーム広場

世界遺産イマーム広場は、東西百六十二メートル、南北五百十メートルの長方形の広場を囲む二階建ての建造物と、広場に面した西側のアリー・カープー宮殿、東側のシェイク・ロトフォラ・モスク、そして南側のイマームモスクを含むすべての構造物の総称である。

おいでなすった！

ひと呼吸置いて私は「I'm from Korea!」と答えた。

私は一時的に韓国人になろうと、アドバイスを受けたときから決めていたのだ。青年は大げさに肩をすくめて去って行った。

三、四十分も経っただろうか？ 山﨑さんの姿が見えない。私は血統書つきの方向音痴なので、彼と離れるとどうなるかは、容易に想像できる。

結構真剣に彼を探さなければならない。

見つけた！ 彼は「イーヴァーン」の前の壁の片隅に座りこんでだれかと話しこんでいるようだった。

おどろいたことに話し相手は、私に声をかけてきた先ほどの青年だった。

韓国人に成りすましてしまった私は、彼らに声をかけるわけにもいかず、つかず離れずで二人の様子を見守ることにした。

もしこの青年が、絨毯を売りつけようとしているのだったら、山﨑さんには学習能力が欠落していることになってしまうのだが…。やきもきするような時間が経過し、青年が彼のもとから去って行った。

彼は私を見るなり、開口一番「ああ、やばかった！ もう少しで絨毯屋に連れこまれるところだったが、何とか振り切った！」だと…。青年が絨毯屋と判っていて、からかってみたくなったのだろう。旺盛な好奇心も過ぎたるは及ばざるが如しなのだが、まあ無事でよかった。

そこでこのことを題材に、ちょっと学のあるところを披歴して、狂歌と川柳を一句ずつ…。

まず、アリー・カープー宮殿に入って、テラスに出てみると真正面にシェイク・ロトフォラ・モスクのやや平べったい特徴のあるドームを望むことができる。右手にははるか彼方まで青い芝生の広場がやさしく広がっている。美しい青いドーム、左手にはイマームモスクのイーヴァーンと美しい青いドーム、広場を囲む建物の向こうには、高い建物は何もない。美しい直線が水平に延びているのみである。

直線の下にはいくつものアーチが規則正しく整然と並んでいる。人類が創造した建造物のなかでこれより美しいものがほかにあるとしたら、それはギザのピラミッドだけじゃないだろうかと思う。

アリー・カープー宮殿はテラスからの眺望も見所で、またテラスの天井のきめ細かい象嵌の装飾にはおどろくほかない。しかしこの宮殿の真の見所は最上階の音楽堂である。天井や壁面には音を吸収させるためのさまざまな形の孔があいており、しかもイマームモスクのイーヴァーンのようなスタラクタイト構造（蜂の巣状）になっているので、見た目が美しい。音楽堂自体はそう広くはないのだが、ここでかつて王族が室内楽を楽しんでいたとすると、なんというぜいたくなんだろうと思わざるを得ない。

つぎはシェイク・ロトフォラ・モスクである。このモスクは、イーヴァーンの入り口から入ってすぐに右に折れて進むと大きなドームの下に着く。このドームの天井は圧巻である。色、大きさ、反響音どれをとっても圧倒される。特にドームの天井は黄色みを帯びたアラベスクで、ドームを支える円周の框《かまち》部分には透かし窓があるのだがそこから入る太陽の光によって、刻々と色が変わる。このドームの下に入るたびに天井の色が異なっているのにおどろいてしまう。

「一対の孔雀《くじゃく》探しをきっかけに、話題はいつしか絨毯に！」（イーヴァーンにデザインされた一対の孔雀探しが、会話のきっかけになったそうです。この孔雀が隠れ上手でなかなか見つけることができないのです。）

「絨毯屋、付き纏《まと》われて渋滞や！」（絨毯屋にとっ捕まっている様子を渋滞と掛けたのですゾ！）

イマーム広場の回廊を探しまくって、絵葉書と切手を購入し、山﨑さんはひとりご満悦だ。

私は旅行に行っても、絵葉書を出すなぁんてことは、サラサラないが、彼にはこれが習慣化しているらしい。結構マメな人なのであります。山﨑さんの提案で、私もイランとトルコから、絵葉書を家内宛てに出す約束をさせられてしまった。それにしても切手の安いこと安いこと。日本まで二千リアル（約十六円）の切手一枚でよいのですぞ！　年賀状をイランから出状したら、意外性があって面白かったかもしれませんナァ。しかも経済的だし…。でも気がつくのが、ちょっと遅すぎました。

心のなかで「明日も来るから、待ってろョ！」とイマーム広場に声をかけ、サフィィールホテルに戻る。夕食はサフィィールホテルの真向かいにあるアバシホテル。ガイドのレーザーさんのお薦めだとか…。ガイドブックの『地球の歩き方』では、このホテルはイスファハンでは「唯一の五つ星」を冠するとのこと。私たちが宿泊するサフィィールホテルは、四つ星評価なので、過大な期待は禁物だぞ、と自戒する。

しかし私の自戒は、よい意味ですぐに裏切られる結果となった。

アバシホテルでの夕食。ノンアルコールビールも悪くない。
円内は、同ホテルでの魚料理。

イラン人は大食漢？

サファヴィー朝（一五〇一〜一七三六年）の時代にキャラバン・サライ（隊商宿）が建てられ、その収益は礼拝堂や神学校の建設・運営に充てられたらしいのだ。

五つ星ホテルのアバシホテルは、このキャラバン・サライを使ってホテル営業しているのだ。だから歴史に裏打ちされた格調高い気配が漂っているのは当然で、中庭の屋外レストランから周囲の回廊を見渡すと、イマーム広場に身を置いているような錯覚に囚われてしまう。まさにイマーム広場の縮小版といった世界である。そんな中庭のレストランで夕食を楽しむことにしたのだ。

やがて陽が落ち、街灯に火が点されるころになると、次第に中庭のレストランにも人々が集まりだし、賑やかな談笑が聞こえるようになってきた。

ちょうど宵闇が迫ってきたころだったので、随所に篝《かがり》火《び》が焚かれて、中世サファヴィー朝のシャー・アッバース一世も、このような雰囲気に身を委ねて食事を楽しんでいたのだろうかと、想像をたくましくし、中途半端な感慨に引きずりこまれそうになった。ギャルソンを呼び、山﨑さんはまたしても「羊肉のケバブとスープ」を頼み、私は「フライドフィッシュとスープ」を頼んだ。ついでにギャルソンにリンゴ味のイスラミック・ビールを頼んだら、近くにいたボーイを呼んでこいつに注文しろとのことだった。イランのギャルソンは飲み物の注文は受けつけないのか？

ぼくはこのモスクに入るのは二回目だが、大好きな場所である。

ちなみにシェイク・ロトフォラ・モスクはアッバース一世の時代には王族のためだけのモスクとして利用され、広場を横切ってアリー・カープー宮殿からの地下道があるとのことだが、一般には公開されておらず、どこがその通路か確認できなかった。

さて、イマームモスクである。入り口は矩形の広場の南辺ほぼ中央にある。両側にミナレットを備えたイーヴァーンが北を向いて開いている。このイーヴァーンは言葉に言い尽くせないほど美しい。ビューティフル、エクセレント、ブリリアント、ファンタスティック等々どんな形容詞をもってしても表現できない。ま、それほどすばらしいのだが、残念なことがぼくにはある。この美しさを写真に撮って永久に自分の側《そば》に置いておきたいと思うのだが、いかんせん北を向いているのでいつも逆光撮影となる。スタラクタイトなど複雑な装飾をその構造がわかるように撮りたいのだが、コントラストがつかないのでいつもフラットな仕上りになってしまう。こればかりは太陽を北に持ってくるわけにはいかないので、人工照明を当てれば何とかなるかもしれないが、アマチュア持参の撮影装置では望むべくもない。

美しいイマームモスク

ところで今回イマームモスクの前に立ったとき、イーヴァーンを覆《おお》ってしまえるほど大きなディスプレーがあった。そこには男性の顔写真とともに「Down the USA」と大書されていた。アメリカを

リンゴ味のビールがきた。「お疲れさま…」の一言もそこそこに、興味津々一口飲んでみる！　なぁ〜んだ、単に泡が出るだけのただのリンゴジュースじゃぁないか！　期待が大きかっただけにガッカリだった。

でも料理の方はそうじゃぁなかった。

まず、「ナン」がドッカ〜ン！　続いてスープがドッカ〜ン！　しばらくしてメインディッシュがドッカ〜ン！　特に運ばれてきた「ケバブとフライドフィッシュ」を見て愕然としてしまった。

五つ星ホテルのレストランには不釣り合いなほどの大容量なのだ。ケバブは昼と同じ二本なのだが、一本の串に刺されている肉の質量が半端ではない。私のフライドフィッシュも半端な代物ではなかった。加熱されているのでかなり縮んでいるのだろうが、直径十五センチはあるだろう筒切りのフライがでてきた。

味が淡泊なので、トラウト（鱒《ます》）かと思いもしたが、体高・肉厚から推定すると、おそらく七、八十センチ位の大きさはあるだろう。イランではトラウト類の養殖が盛んらしいが、八十センチを越えるような養殖鱒が市場に流通することは、おそらく稀だろうと思われる。私の住む滋賀県の醒井養鱒場《さめがいようそんじょう》でも、八十センチを越えるような大物は、中央の観賞用池で数十匹が泳いでいるばかりで、出荷用ではないと思われる。ひょっとすると、カスピ海で獲れるセフィードという魚かもしれないが、確かめ損ねた。

提供されたメインディッシュをみて、これはイランからの挑戦状だ…と思った。日本人としては絶対に負けぬ覚悟で、この食事に臨まねばならない…と。私はそのむかしは、泣く子も黙るグルマン（大

やっつけろ、という意味なんだろう。八年前、十年前に来たときはこんなものは広場になかったが、この八年間の間にそれだけイランとアメリカの関係が悪化しているということなんだろうなと思った。

とにかくイマームモスクに入ってみる。このモスクだけは、広場から独立しているのではと思えるほど、壮麗な構造の建造物である。中庭に出ると中央にプールがあり、その向こう正面に主礼拝ドーム、右に三角屋根をもつ礼拝堂、左にやはりドームをもつ側廊礼拝堂があり、すべてが美しくつながっている。

中庭には、ちょうどぼくたちが訪れたときはテントのようなものがはり巡らされていた。巡礼期に当たっていたのかもしれない。

ぼくはとにかくイマームモスクで写真を撮りまくった。どこから撮っても絵になるので、写真を撮るのが楽しい。村上さんも愛用のカメラでパシャパシャ撮っているのだが、なぜかぼくの傍らでぼくがレンズを向ける方向にカメラを向けている。おんなじ絵をとってもつまらないだろうにと思うのだが。ぼくのカメラはデジタル一眼なのだが、ほとんどの場合、撮るときはマニュアルモードで、つまりシャッター速度と絞り値を自分で設定して撮っている。オートは使わない。村上さんは愛用のルミックスでぼくと同じように撮ろうとするが、どうも要領がのみこめていないようだった。

若者たちであふれる木曜の夜

夜になって、ホテルから近いスィー・オ・セ橋に行った。我々日本人の感覚からすると、橋は車も人も通れるハイブリッドな通路と

食家）であった。しかし、わけあって十年前に胃の全摘をしているので、今では残念ながらグルマンではなく、グルメ（美食家）を自称している。そこで日本代表には五体満足なグルマン山﨑を勝手に指名し、彼に発破をかけ続けたが…、予想に反してあっけなく、イランの軍門に降ってしまい、たっぷり残してしまった。

そもそも、正統のプロレタリアートを彷彿とさせる風貌の持ち主の彼が、いともあっけなく退却ラッパを吹き鳴らし、あげくの果てにあわてて、靴の紐まで結びだしかねないような事態に陥ったことは、極めて意外であったし、明らかな日本代表選出ミスであったと深く反省もした。

もし私に胃が三分の一でも残っていたならば、プロレタリアートの根性を見せて、粘りに粘っておそらくこのような結果には、ならなかったはずだ！

イランよ、幸運だったなぁ…と心のなかで毒づいておいた。

料理の味に不満はまったくなく、美味しいのだが大容量をマイナス評価し、私的にはこのホテルの評価を四つ星に降格しておいた。

山﨑さんという人は、一人で海外を歩きまわろうと考え、それを実行に移す人だけあって、精神的にも体力的にもタフな人だ。突き詰めていえば、環境への適応力が、人並み外れて優れているのだろう。

彼はこの旅行中、しばしば「パスポートはどんなことがあっても、絶対に死守せよ！」と、私に吹きこんでくれた。このことは、言い換えれば海外旅行中は何が起こるかわからない。だから、食べられるときはできるだけお腹いっぱい食べておけ！…ってことにもつな

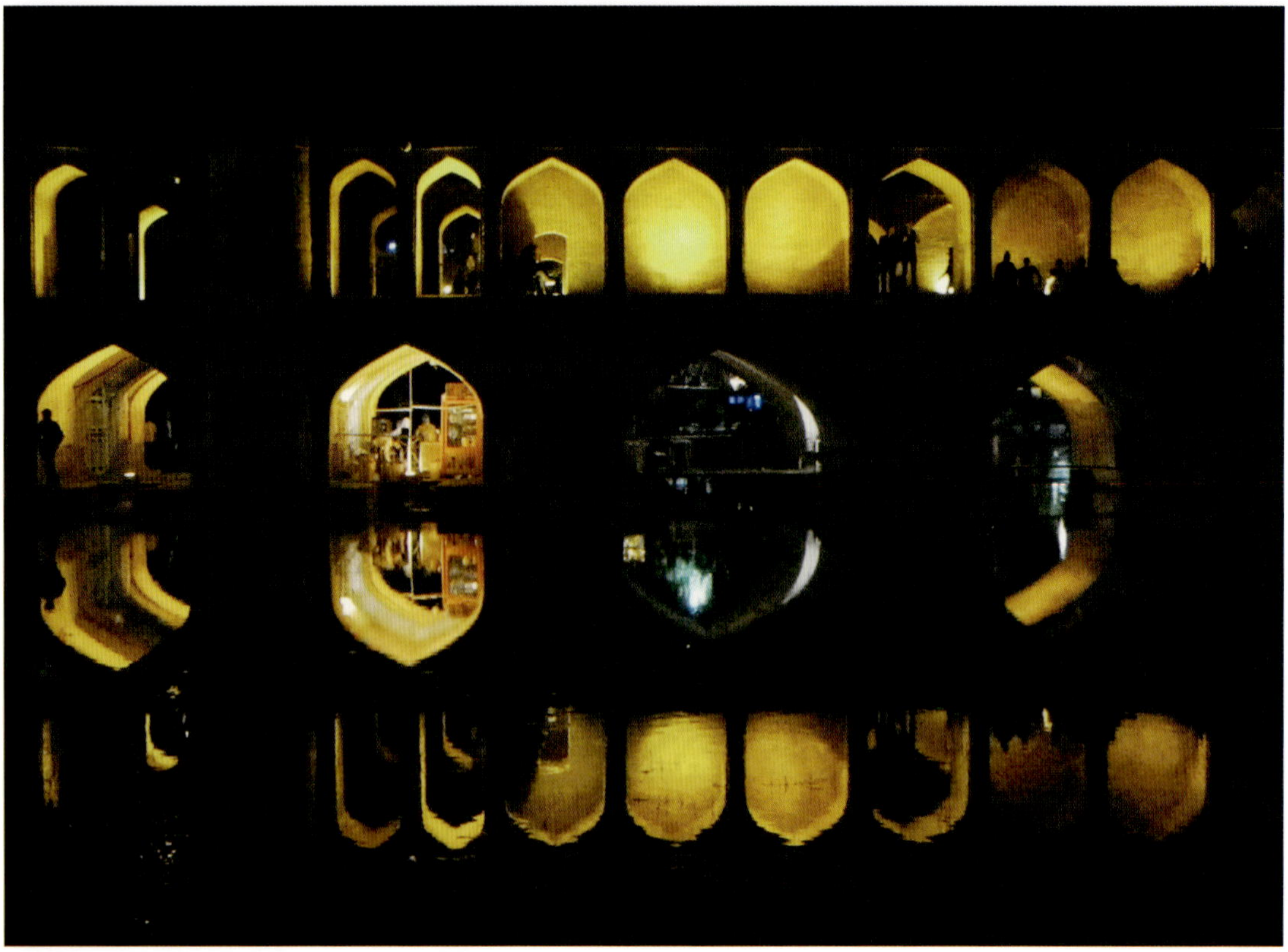

幻想的な夜を演出するスィー・オ・セ橋。

がっているのだろう。

私は生まれ育ちが上品（?）にできているうえ、嫌いなものは食べないと徹底しているので、彼の助言をほとんど実行することがなかったのは、大変申し訳ないことだった。

魅惑のハージュ橋で愛を語る

満腹の腹ごなしに、ザーヤンデ川に架《か》かる「スィー・オ・セ橋」と「ハージュ橋」（山﨑さんお薦めのスポットらしい）まで散歩する。午後七時過ぎでもチャハール・バーゲ・バイン通りは結構な人出があり、私の生活圏での雰囲気で表現すると、ちょうど地蔵盆の夏祭りといった賑やかさであった。そんな賑やかな通りを、人波をかきわけるように歩き、スィー・オ・セ橋に着いた。この橋はイスファハンの街を南北に貫く大通りを繋ぐ橋で、橋の名の由来となった三十三のアーチがとても印象的だった。

山﨑さんお薦めのハージュ橋は、スィー・オ・セ橋の東二キロのところに位置し、河岸がちょうどよい散歩コースとなっているのだった。この橋は歩行者専用の架橋で、橋の入り口部分が階段状になっているため、物理的に車の往来ができないように工夫されており、イスファハン市民の憩いの場となっているようで、橋全体がライトアップされ、とても美しかった。山﨑さんにいわせると、このハージュ橋は観光客にとっても人気のスポットなのだとのこと。確かに二層構造のハージュ橋とそこに佇む若い男女の影は、結構魅力的な被写体のように思えた。幅十二メートル長さ百三十三メートルのこ

橋の通路部分。大勢の若者がたむろするが、大騒ぎする人はいない。

の橋は、平穏な生活を営む夫婦たちの夕涼みのスポットであり、子どもたちの鬼ごっこスペースであり、若い二人にとっては格好のデートスポットでもあるようだった。橋のたもとでくつろぎ会話を楽しむ老夫婦の姿もほほえましい。

ちょうど「家族のだんらんの場」を切り取り、ハージュ橋に移植したような、とても穏やかな時間が流れていた。市民の憩いの場を意識してのことか、橋には四〜五人のお巡りさんが巡回しており、走りまわる子どもたちや若者たちに盛んに声かけをしていたのが印象的だった。かなりの人出で、結構な大声（異邦人の私には罵声が入り混じって聞こえてしまう）が飛び交っているのだが、不思議と恐怖感のようなものは感じない。なぜ、恐怖感のようなものを感じないのだろうか。子どもたちが身近で憩っているという安心感からくるものなのか。恋人同士と思しき姿が、安心感を増幅させているのか。もちろん子どもたちや恋人たちの存在も、安心を演出してくれているに違いないのだが、多くの通行人や橋のそこここでとぐろを巻いているのは、屈強そうに見える若者たちなのだ。もしもハージュ橋が日本の繁華街にあったとしたら、私などは橋の片隅を肩をすぼめて、足早に通り過ぎるだけだろう。

いま私はハージュ橋の中央部を胸を張って行ったり来たり…川の流れを眺め、ひと休みする余裕すらある。この余裕や安心感はどこから来るのだろうか。ハージュ橋を散策しながら、私はこのことばかりを考えていたのだが、明確な答えは見つからないままだった。

散策にも飽きた私たちは、イスファハン随一の大通りを、イマーム・ホセイン広場へと歩いて行った。イマーム・ホセイン広場は、午後

イメージするが、イスファハンのいくつかの橋は、人しか通れない。スィー・オ・セ橋もその一つで、ザーヤンデ川という日本なら一級河川に相当する大きな川にかかっている。橋は一見すると巨大なマンションのようにも見える。二階構造で、上階は人が歩いて通れる通路になっている。下層はもちろん人も渡れるようにはなっているが、橋のたもと付近には喫茶店などのお店がいくつか構えている。夜になると橋はライトアップされ、整然と並んだアーチが美しい光の帯となって川面に映り、恋人同士でならずともうっとりとする光景が宵闇に浮かぶ。この橋を多くの若い男女が散歩したりして渡っていた。ところがアベックで通る人はほとんど見ることができず、たいていは男性グループ、女性グループで群れているのだった。しかし、ここはイスラムの国、おおっぴらな男女のデートははばかられるに違いないので、おそらくこのような場でお互いの品定めがなされやがて結婚相手を見つけることになるのだろうと想像したがまちがっているだろうか。

　スィー・オ・セ橋に連なる通りはイスファハンのメインストリートで、その夜は大勢の人々でごったがえしていた。翌日が金曜日なので多分休日前ということで人々があふれていたのだろう。そんな人ごみの中を歩いているときに村上さんが合点を得たように言った。

「日本ならこんな繁華街の雑踏なら喧嘩の一つでも見られるのにここではみんな羽目を外す人がいない。これはきっとアルコールがないせいだぜ」

というのである。言われてみるとそのとおりだ。血気はやる若者がたくさん繰り出しているのに、せいぜいオートバイを爆音轟かせて十時を過ぎているというのに、おどろくほど賑やかだった。

　立派な髭を蓄えた紳士風に寄り添うようにチャドルの女性の姿があり、私には罵声としか感じられないような大声で話し、ふざけあう若者の集団もいる。さらにチャイハネからそれらを見守るようなお年寄りたちの姿。

　そうか、安心感を醸《かも》し出している原因が見えたような気がした！一番の理由は、「酔っ払いがいない」ことだ。どんなに大声で騒ごうが、ふざけようが皆素面《しらふ》なのだ。日本の繁華街だって、酔っ払いがいなければ、随分雰囲気の違った住みやすい街に変身することだろう。（もっとも、街そのものに魅力がなければ、すぐにその街は活力を失い、すたれてしまうだろうけれど…）

　二番目の理由は、規律をきちんと守ることが、老若男女を問わず、ごく当たり前のように生活習慣のなかで徹底されているということだろう。言い換えれば「イスラム教の力」とでもいうべきことなのだと思う。

　そして最後はチャイハネに集う、お年寄りたちの存在。いつもだれかが見守っている。この三つのことが、一見《いちげん》の旅行者でも街中を大手を振って歩けるという、安心感につながっている。

日本で観光客が集う橋といえば、関西人の私が一番に思いつく場所は、「道頓堀川に架かる戎《えびす》橋（グリコのネオンサインでお馴染み）」がその代表格なのだと思うのだが…「客引き・酔っぱらい・ナンパ・暴力行為・ぼったくりなど」、安心や安全が懸念される場所ではある。警官によるパトロールもひんぱんに実施されているのだが、その主旨は「事件・事故・迷惑行為の未然防止」とはいえ、見据えている

乗り回している程度である。秩序が保たれている。アルコールがない社会というのはこういう効用があるのかと大いに納得した。

イラン女性は開放的

翌日は朝早くからイマーム広場に行った。金曜礼拝が広場であるかもしれないと思ったのだが、我々が着いたころには人かげはまばらだった。イマームモスクの前にも昼間なら大勢の観光客でごったがえしているところだが、静かな様子で、撮影には申し分なかった。しばらくすると女子学生の団体グループがイーヴァーンの前に来て集合写真を撮り始めた。ぼくはその様子をカメラマンの肩越しに見ていたのだが、その女子学生のうちの幾人かがぼくに興味を持ち始めているのがわかった。ぼくはイスラムの女性を見るときのマナーを外れているのかもしれないが、無遠慮に一人ひとりの品定めをするように整列した彼女たちの顔を見ていたのだが、なかには恥ずかしそうに顔をそむける人もいた。集合写真を撮り終わるとあとは自由時間になったらしく皆思い思いの行動をとりはじめたのだが、そのうちの一人がぼくに近づいてきて何か話したげなしぐさをする。彼女たちの大部分は黒いチャドルをまとい頭にはスカーフをかぶってあごでくくっている。しかしその娘はスカーフから大胆に前髪を出し、チャドル様の黒い服のすそからのぞくすらりとした足には粋なジーンズをはいていた。ぼくは英語で話しかけた。どこから来たの、どこの大学かなどというごく他愛もない会話である。彼女の眼は輝き、ザンジャンのザンジャン大学の学生だということを教えて

のは悪者排除である。もっとも、戎橋は一日に十万人前後の観光客が訪れる巨大観光地なので、市民や観光客の安全の確保に主眼を置いた施策はとりにくいのだ。「悪者排除＝安全の確保」という考え方は、ある意味でやむを得ないことなのかもしれない。

それじゃあ「安心の確保」はどうするのかと思ってしまうのだが、「安心と安全の同時確保」を実現している地域が、イランにはあったという事実だけを、肝に銘じておくことにした。

付添い教師から睨まれる

朝陽を浴びながらイマーム広場に出陣！　うれしいことに、今朝も快晴。

昨日の空とは少し違う色をしている気がするのだが…私の貧困なボキャブラリーでは、この違いを明確に表現することは難しい。強《し》いて表現すれば、今朝の空は「硫酸銅の飽和水溶液から結晶が成長してくるときの発色」。微細なキラキラした輝きの硫酸銅の発色だった。

山﨑さんから、「今朝はイマーム広場で、集団礼拝が見られるかもしれない」といわれて期待していたのだが…。残念！　ガセネタだった。

昨日の絨毯屋騒動から、今日も彼が絨毯屋に引っ掛かるのではないかと心配していたが…絨毯屋ではなく、女学生と思しき集団の一人から、声をかけられたようだ。イランはＵＳＡから経済的制裁を受けるほどの対立関係にあるのだが、不思議なことに結構英語教育

イランの人々には、イスファハンのイマームモスクは憧れの観光スポットに違いない。

には熱心なようで、イマームモスクの前の広場では英会話で話が弾んでいるようだった（英会話ができない私は、ひとり蚊帳の外だ）。

日本に帰ったら、少し英会話の勉強でもしようかと思ったりもしたが、私はあと二年と三か月ほどで目をつむる予定をしているので、英会話よりは旅行の軍資金調達のための「錬金術」の勉強を、優先させることにしようと思いなおした。私は五十歳を目前にして、これからの人生は五年刻みの計画のなかで、自分に忠実（勝手気ままにやりたいように）に生きていこうと心に決めたのだ。つまりこのときは六十五歳を前にして、旅先でのコミュニケーションを充実させるより、次回の旅行費用の捻出を優先させようと思ったのだった。そして当初の予定の六十五歳で目をつむることもままならず、七十歳ではきっと目をつむってやるぞと、新たな執念（？）を燃やしている私がいるのだった。

まぁそんなことはさておき、彼女たちはイランの北西部の都市ザンジャンから来たらしい。「私は一一月一日にザンジャンに行く…」ってなことを、山﨑さんはしゃべっているのだろう。付き添いの教師とみられる男が、礼拝堂をバックに集合写真を撮るために、彼女たちを集めた。髪を隠すショールは全員黒で統一されていたが、マントー（イスラムコート）は色もデザインも皆ちがっていた。

イスラム圏のなかでも、イランは女性に厳しい国なのだが、彼女たちを見ていると、新しい風が吹きだしたと、感じずにはいられなかった。

隙を突いて、山﨑さんが彼女たちにカメラを向け、付き添い教師から睨まれていたのはごあいきょうだった。

イマームモスク入り口のイーヴァーン。スタラクタイト装飾が素晴らしい。

それにしてもよい天気だ。昨日のアリー・カープー宮殿は、ちょっと逆光だったが…今朝は威風堂々のその姿を、余すことなくカメラに収めることができた。（もちろん出来映えは別問題ですぞ！）

マスジェデ・ジャーメ（金曜のモスク）を見に行こうということになり、山﨑さんが十年前の記憶を引っ張り出して、私を先導してくれることになった。彼の記憶によれば、イマーム広場のゲイサリェ門から、バザーレ・ゲイサリェを道なりに、北に歩けば簡単にわかるとのことだった。

ところが、この日ゲイサリェ門は閉じられており、バザーレ・ゲイサリェも休みのようだった。先天性方向音痴の私は、ひたすら山﨑さんの背中を見て歩くだけである。

競馬に例えれば、「後方ついてまわるだけ！」、という感じだった。地図を頼りに、あっちだ、こっちだと私が参戦すれば、まちがいなく「ドツボ」にはまるのは自明の理であろうから…これはこれでしようがないことなのだ。山﨑さんによると、十年前と違って、新しく地下道ができていたり、バザールが移転工事をしていたりと、街並みの状況が一変しており、結構な苦戦を強いられていたようなのだが、私は道みち昼食に何を食べるのかが気になって、周囲の食べ物屋に目を配ってばかりいたのを覚えている。果物屋さんを見つけた。ザクロがある。ミカンがある。リンゴがある。メロンがある。スイカもあるゾ！　おばあさんがミカンを買った。

どうも量り売りのようだ。とにかく何か買おうということになり、ザクロ二個とミカンを買った。支払いは共通財布を管理している山﨑さんの仕事だ。行ったり来たり、迷ったりしているうちに、いつ

くれた。彼女の周りにいた学生たちも彼女を取り囲み、ぼくとの会話に耳をそばだてている。ぼくは彼女たちの写真を何枚か撮らしてもらったが、そのうち引率者に促されてイマームモスクの前を立ち去っていった。

ぼくはイランには三回来ているが、何度かこのような経験をしている。イランの女性はとても活発で好奇心が旺盛で外国人に対して物怖じしないという印象を持っている。ホメイニによるイスラム革命はたしかに王制からイラン人を解放したと思えるが、一方で女性の様々な権利には制限を加えたといわれている。スカーフやチャドルの着用義務づけはその一つの例であるが、どっこい彼女たちはたくましい。チャドルの下のファッショナブルなジーンズは当たり前だし、髪をスカーフで隠せという宗教的な掟など建前だけのことじゃないかと思うくらい多くの女性がおしゃれを楽しんでいる。また、アメリカを中心とした西側諸国による経済制裁が強化されてから観光客が少なくなっていると思われ、ぼくのようなたどたどしい英語しか話せない外国人でも英語を勉強するチャンス、とばかりに積極的に話しかけてくる。がんばれイラン女性、心から応援したくなるのだ。

人間には一人ひとり個性がある。当たり前のことだが。学校という集団社会ではとかく学生の個性を奪って服装などを統一させようとするものである。イスラム革命後のイランの女子大学では日本の大学からは想像もできないくらい厳しい宗教的戒律があったと思われる。イマームモスクの前で出会った女学生の一団は頭の先からつま先までをすっぽりとチャドルで隠す学生もいれば、ほとんどミニ

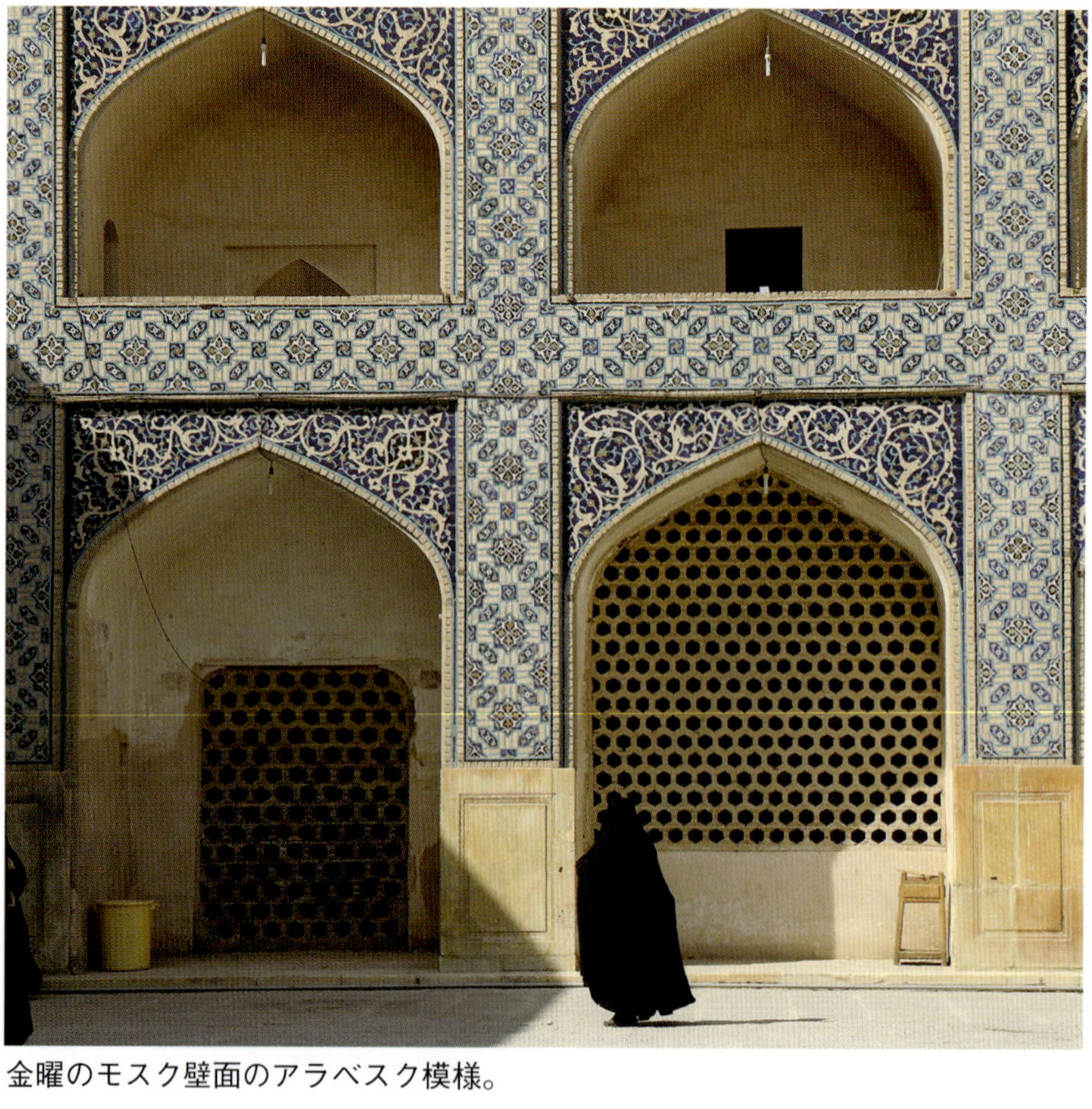
金曜のモスク壁面のアラベスク模様。

しかマスジェデ・ジャーメに到着した。山﨑さんの記憶どおり、マスジェデ・ジャーメへの入り口は、バザールでつながっていた。礼拝堂を飾るタイルやアラベスク文字の装飾などは、イマームモスクと比べると、一見地味な印象を受けてしまうのだが…被写体としての価値は、イマームモスクのそれと比べても、勝るとも劣らない。そんな感想を持ったのは、おそらく私だけではなかったはずだ。礼

スカートじゃないかと思えるくらいの膝丈チャドルの学生もいたし、チャドルをまとっていない女性もいた。本音と建前が微妙に交錯するイラン社会の縮図を見た気がした。

庶民のための金曜のモスク

イスファハンはイランの京都のような街で、とにかく観光名所がたくさんある。

ぼくのお気に入りは、そのなかでも金曜のモスク「マスジェデ・ジャーメ」である。ジャーメ・モスクとも呼ばれる。十年前に初めて訪れたときは偶然に出会った若者に案内をしてもらって、有名なミフラーブなどを見ることができた。その彼のアジトともいうべきレストランを、二年後に来たときは、記憶を頼りにさがしたが、金曜のモスク周辺の道路が一変し、整備されていて見つからなかった。ごみごみとした自動車道路が立体道路となって小ぎれいになっていたのだ。彼の店も道路脇にあったからあるいは立ち退かされたに違いない。

しかし、八年前に金曜のモスクへ来たときは、モスクからイマーム広場までの庶民的なバザール商店街を徒歩で通り抜けたので、どの方角にモスクがあるかは覚えているが、今回は広場からタクシーを使った。

金曜のモスクの歴史は古い。最初の建造物は八世紀ごろにできたらしい。入り口はバザールに面してあり、これが有名なモスクへの入り口かと疑うほどだが、中庭に一歩足を踏み入れるとそのスケー拝前に身を清めるための泉がある。この泉に映えるイーヴァーンを写したいのだが、私の腕前ではハードルが高過ぎたようだった。

親切なイランの若者

山﨑さんは、当たらずとも遠からずの、十年前の記憶の復元に自信を持ったのか、メナーレ・マスジェデ・アリーを目指すといいだした。

このメナーレはイスファハンで一番背の高いメナーレなので、バザールを歩くより屋外を歩いた方が、はるかに容易に到達できるはず、との考えのようだった。ところがどっこい、路地裏のさらに裏路地とも思えるような迷路に迷いこんでしまった。まさに知らぬ間に足を踏み入れ、どちらに歩いていったらよいのやら、うろうろしたというのがぴったりだった。

不用品を地べたに並べて売買している広場にたどりついた。使い古してすすけた電球があるかと思えば、カセットテープ、それも何が録音されているか不詳の奴もある。プラグの無い二メートルほどの電気コードとか、だれが履いていたのかわからぬような靴（さすがに片方だけというのはなかった）とかが、無秩序に並べられていた。出品者は、静かにたたずんで興味を示してくれる人物の出現を待つか、隣の出品者とお喋《しゃべ》りをしているかのどちらかだった。

骨董的な価値が認められるようなものは何もないし…単なるガラクタを並べているだけじゃあないかと、染みついた価値観を振り回そうとして、上から目線で見ている自分に気づき、ちょっと気恥ず

イスファハンでもっとも古い、金曜のモスク。

かしい気分になってしまった。そうなんだ、イランという国にはイラン人が育んだ、独自の価値観があるはずなのだ。

異邦人である私が、とやかくいう筋合いのものではないのだ。

この「ガラクタ市」に出品している人たちの年齢は不詳だ。

イラン人はもともと髭を生やしたりして大人びて見えるので、年齢を推定するのはなかなか難しいように思われる。

それでも明らかに十代や二十代と思われる若者も散見できた。

こんな年代の若者たちを、このような場所で見かけてしまうと、

「もっと建設的な、付加価値を高めるような仕事をしろョ！」と言いたくなるのだが…この言葉はぐっと飲みこんだ。

目指すマスジェデ・アリーのメナーレが見当たらないので、行き当たりばったりに歩いて、人気のないバザールに飛びこんだ。薄暗くひっそりと沈黙したバザールの空間を、とぼとぼと歩いていると、向こう側から二人の青年がやってきた。Do you know how to get the Menare Masjede Ali? とメナーレ・マスジェデ・アリーへ行く道を尋ねるのだが、こっちの発音が悪いためか、彼らの英語理解力が劣るのか、いずれにせよ、こちらの意思が彼らにうまく伝わらない。彼らも必死で理解しようと努めてくれた結果、ようやくニッコリと笑って、こっちだとばかりに歩きだした。私たちもついて歩くこと約五分。急に高いメナーレが目に飛びこんできた。先ほどの「ガラクタ広場」のすぐ近くでおどろいてしまった。

彼らはメナーレ・マスジェデ・アリーの入り口まで案内してくれた。親切な若者たちに礼をいい、シェイクハンドで別れたが、妙に清々しい気分になった。気がつけばすでにお昼時を過ぎている。お昼は

バザールの通りから外れた空き地では、大道芸が演じられ、大勢が群がっていた。

イマーム広場で食べようと即決し、食べ物の店を探すのだが、これがなかなか見つからない。

先ほど、ザクロを買った果物屋まできて、隣の雑貨屋と思しき店で冷えたイスラミック・ビールを買った。食べ物屋はさっぱり見つからず、イマーム広場まで戻ってきてしまった。回廊のなかで店頭販売専門のハンバーガーショップらしき店を見つけたので、早速ケバブのバーガーとフィッシュバーガーを注文した。日本ではマクドでもモスでもロッテリアでも、待ち時間は概ね《おおむ》三分といったところなのだが、ここではそうではなかった。注文客は私たちだけだったので、日本と同様に五分も待てばハンバーガーにありつけるだろうと思っていたのだが、実は大まちがいだった。

先ほど買ったイスラミック・ビールがヌルクなっちゃうじゃぁないかって気が気ではないのだが…これもイラン流だと諦めて待つ！十五分位は待っただろうか。持ち重りのするハンバーガーが目の前に現れた。そこですかさず、さぁ広場の芝生の上に広げて食べようと、勇んでイマーム広場に出撃したのだった。

人懐っこいイラン女性にからかわれる

イマーム広場では、チャドル姿の若い女性の一団や、イラン人観光客などがてんでバラバラに芝生に陣取り、しばしの食事や休息やお喋りにと余念がない。

山﨑さんによると、イスラム教国は「男尊女卑」というか、「男女不平等」というか、女性が長く虐げられてきた歴史があるとのこと。

ルの大きさと華やかな色使いのイーヴァーンに圧倒される。ほぼ正方形の中庭の四辺にそれぞれイーヴァーンが内を向いて開いている。それぞれがバラバラの様式で造られているようだが、なぜか一体感があり違和感を感じない。これこそが世界遺産だろうと感動してしまう。だがこのとき金曜のモスクは世界遺産に登録されていなかった。登録が実現したのは二〇一二年のことだ。

イスファハンで最も高いミナレット

ぼくと村上さんはバザールの人ごみを縫いながら、イスファハンでいちばん高いミナレットを持つアリー・モスクを探した。このモスクは金曜のモスクとイマーム広場のちょうど中間辺りにあるのだが、八年前の記憶を頼りに探していると、大勢の人だかりのある空き地広場に出た。ちょうど大道芸人が蛇を使った見せ物をしているところだった。ぼくらはその人ごみにまぎれながらしばらく見物したり、周辺のフリーマーケットを覗いたりした。だいたいこんな場所には外国人観光客は近づかない。英語も通じないし目つきの鋭い若者がたむろしているのも気になったので、早々に引き上げた。

アリー・モスクはやがて見つかり、近くにいた男性にモスクの中を見せてもらった。そこで初めて気がついたのだが、ミナレットはモスクとは通りを挟んで反対側にあり、敷地が異なっていたことだ。そして以前に来たときも印象に残ったことだが、モスクの壁面にホメイニ師と他のシーア派の指導者の肖像が描かれていた。今回来たときは、壁面画が描き変えられていて四人の肖像になっていた。数

例えば、女性は人前で頭髪を見せてはならない…頭髪を見せることは裸をさらすも同然のことらしい。また、『礼記《らいき》』にもあるような「男女七歳にして、席を同じゅうせず」という考えが根強くあるが、少しずつ変化が見られ、開放的になってきているとのことであった。私は開放的という言葉からくる印象を、「ショールの色彩やマントーの色々な柄」と重ね合わせていたのだが、彼の見方は少々違っていた。彼がいうには、「色彩や柄の変化はもちろんだが、ショールの被り方で自分の個性を演出する女性が増えた」とのこと。確かに額まできっちりとチャドルで覆っている女性もいれば、前髪を出すようにショールを被っている女性もいる。彼のこういった観察眼は、どうやって培われたものなのだろうか。それにしてもイラン人は人懐っこいというか、人見知りをしないというか、積極的というか、見知らぬ異邦人なのによく声をかけられる。

男性に限ったことではなく、女性からも積極的に声をかけてくる。チャドル姿のうら若き五人の女性の一群が陣取っている前を横切ったとき、一人の女性が山﨑さんに声をかけてきた。「Aventure!」「I love You!」と声をかけられ、山﨑さんは満更でもない様子で、ニヤついているのかと思いきや、おどろいたことに、稲刈りあとの日焼けた顔の下地が、ほんの少し赤らんだのを、私は見逃さなかった…。そして、女性たちが開放的になってきているという、彼の見解に妙に納得してしまった。

芝生に座り、若干ヌルクなったイスラミック・ビールで乾杯する。私の心配事は、この巨大なフィッシュバーガーを果たして、全部食べ切れるかどうかだ。バンズは…あまり美味しくない。

年の間に壁面デザインが変わるなんて、節操のないモスクだなと思ってしまった。

今回来てわかったが、イスファハンも生きている都市の例に洩れず絶えず変化を繰り返していることだ。十年前、八年前とは様相が変わっているところも随所にありその意外性におどろきもした。イマーム広場周辺の観光客が集まるところは小ぎれいに整備されているが、ちょっと裏手に回ると一般の市民の生活の息吹きが感じられる。また古い建物はほとんどが日干しレンガで造られており、打ち捨てられた住居が無惨に崩れつつあるのを見ると、砂漠のオアシス都市らしくやがて砂漠の砂に回帰していくのだろうなと淡い感傷も惹き起こされる。

イスファハンは、とにかく町を歩いていても、ショッピングモールに入っても、バザールを通り抜けてもさまざまな様相が見られて飽きることがない。例えば、果物屋さんの店頭を覗くだけでも面白い。変わった果物が並んでいるし、日本でおなじみの果物だってある。ぼくは冷やかし半分であれこれ覗きながら写真をパシャパシャ撮ってしまう。店主はうさんくさそうに見ているだけである。訪れた外国では、必ずといっていいほど果物屋の写真は撮ることにしている。その国の気候や食生活などがなんとなく感じられるからである。それに店先がカラフルなので被写体としては申し分ない。ときにはつまみ食いだって許してくれることもある。

そういえば、これまで「ナン」は食事のたびに、何度も口にしたが、「パン」を口にしたのは唯一このときだけだった。ちょっとサワー風味で、それでいてスパイシーなタルタルソース（?）がたっぷり。フィッシュフライは、熱々のトラウトと思しき半身がドバッ!

さぁ～名残惜しいが、そろそろイマーム広場を去らねばならぬ。何しろ今夜のシーラーズへのフライトに間にあうように、ホテルへ戻らねばならないのだ。帰り道に庭園博物館に立ち寄った。ここは『地球の歩き方』にも記載されている、華麗な宮殿なのだが…華麗の極みのイマームモスクや様々な時代の建築様式を取り入れ、重厚さと華麗さを調和させたマスジェデ・ジャーメを丹念に見学した後では、その感動も五割引きといったところだった。

庭園博物館を出て、少し歩くと公園が右手に広がっている。ここで私は金縛り状態になってしまった。

懐かしの中国をイランに見る

何と…ここに「中国」があると思ったのだ。赤と黄色に塗り分けられた「遊具」が目に飛びこんできた。「遊具」の数は七種類で、いずれも武骨な鉄製だ。椅子に腰を掛け、バーを握った点を支点にして、腰をツイストさせる遊具や、ルームランナーの空中脚漕ぎのような遊具など、親しみと懐かしさを感じさせる遊具群が、そこにあったのだった。私は仕事の関係で二〇〇三年頃から年二回の割合で中国を訪れていた。訪問先は江蘇省の南通市・通州市を主体に如東《ルートン》、如皋《ルーガオ》といった地方都市だったのだが、ちょうどそのころから「眠れ

イマーム広場に近い通りの果物屋。ザクロやブドウが目につく。

る獅子」といわれた中国が目覚め、経済的発展のスタートを切った時期でもあった。つまり私は中国の経済的発展のスタート期から、バブル期へと爆走していく中国を、第三者的に「定点観測」するという幸運に巡り合わせていたのだった。これらの街の公園には、必ずといってよいほど、武骨な鉄製の遊具があった。イランはその昔、モンゴルに完全に征服された時代があった。当時のモンゴルは、中国をも切り従えていたので、イランで中国の文化の一部を垣間見ることは、なんの不思議でもないと納得できた。そんな目で周りの民家を眺めてみると、イランは「日干しレンガ」の三階建て。中国の戸建住宅は、「レンガ積み」の三階建てで、住居の敷地境界を明確に仕切り、自己の財産権を主張していることが多い。

イランの場合は住宅が密集地域だったので、明確な財産に対する自己主張があるかどうかは不明だが、「日干しレンガ」の三階建てが多く、中国の影響を色濃く残しているようだ。もっとも中国の方が、当時ペルシャと呼ばれていたイランから、大きく影響を受けていたのかもしれないが、征服者と被征服者の立場からすれば、後者はあまり考えられそうにないだろう。中国贔屓《びいき》の私にとっては、嬉しくもおどろきの発見だった。特に店舗兼住居といった建物は、中国の戸建住宅をそのまま移築したとしても、ほとんど違和感が感じられない。ペルシャ語の横書き看板・ネオンサインの類と、簡易体中国漢字のそれの違いくらいなものだ。建物の見てくれも雰囲気も、両者はとてもよく似ているといわざるを得なかった。

美人ガイドとともにペルセポリス・ツアー

シーラーズを起点とするペルセポリス、パサルガダエ、ナグシェ・ロスタムをめぐるコースは、イラン観光で最もエキサイティングなツアーだ。荒涼とした砂漠のなかに点在する遺跡は、訪れるものを二千五百年前にタイム・スリップさせてくれる。

シーラーズ

シーラーズには、イスファハンを夕方に発つ飛行機で行った。あらかじめレーザーさんが手配をしてくれていたパークホテルに投宿した。翌日は近年に世界遺産に登録されたパサルガダエ遺跡とペルセポリスを観光すべく、ホテルのフロントで「英語のしゃべれるガイド」と車の手配をお願いした。フロントの男性は快く了解してくれて、今夜はゆっくり休めなどとすすめてくれた。

翌朝ロビーに行くと、頭にショールを巻いたきれいな女性がいて、傍らにフロントの男性がいた。女性はマリアンヌという名で、一見して女子大生風だった。彼女がその日のガイドを務めてくれるという。ホテルの外に出るとフロント男性が車に乗れと言う。彼が車の運転を担当してくれるらしい。彼の名はセーフィ。てっきりガイド兼車付き運転手が来るものと予測していたが大外れで、ぼくたちは二人の案内人を従えての豪勢なシーラーズ観光となった。さぞかし目の玉が飛び出るほどのガイド料を請求されるかもと思っていたが、すべて込みで百二十ドルであった。二名分の足代を考えればけっして高い料金ではない。

ぼくは外国旅行をするときはツアーに参加しない代わりに、現地で英語のできるガイド

山﨑さん大いに後悔する

一〇月三〇日。シーラーズでは、中東3Pのひとつ「世界遺産ペルセポリス」を観るのが主目的だ。ホテルの支配人Mr・セーフィの運転で、セーフィが手配してくれた現地ガイドと世界遺産見学ツアーに出発した。ところが、このガイドがとんでもない大物だった。シーラーズ大学考古学助教授マリアンヌ博士だ。三十代半ばに見える女性で、一生懸命英語で説明してくれる。しかし、私には会話力がまず備わっていないし、説明内容となるとさらに輪をかけたようにチンプンカンプンなので、さっさと聞き流し、写真を撮りに走ることにした。

を雇って観光することが多い。その理由の第一には、現地の地理にうといので、ガイドがついていれば効率よく目的地を巡ることができる。第二には、観光地の情報などは現地語で表示されることが多いので、的確に英語に訳して伝えてもらえる。第三には、セキュリティ面つまり現地の人とのトラブルなどは間に入ってもらって回避できることがあるので安心である。問題は費用対効果の面であるが、法外な値段を要求されるようなガイドは避けた方がよい。ぼくの経験から判断すると、まあそこそこに信用のおけるホテルを利用していれば、そのホテルが紹介してくれるガイドを使うとまず大きな外れはないし、料金も高くはない。レバノンを一人で旅行したときもホテル紹介のガイドだったが、楽しい旅ができたしおまけにガイドの自宅に招待されてその家族とも近づきになれた。三回のイラン旅行のガイドをしてくれたレーザーさんもこのタイプである。個人旅行をするときは、ガイドを使うことが絶対に必要だと思っている。

　マリアンヌがガイドとして優秀かどうかは出発時点では未知数だったが、パサルガダエに行く道すがら、彼女は持ってきた資料などを示しながらこれから行く遺跡の特徴などを流暢な英語で説明してくれた。そこでわかったのは彼女が大学の助教授でありアケメネス朝ペルシャ時代の研究者であることだった。ホテルのセーフィがなぜ彼女をガイドとして抜擢《ばってき》するに至ったかは定かではないが、ツアー旅行者でもなさそうな日本人二人組がパサルガダエへ行こうとしているからにはきっとこの二人は大学かなんかの研究者に違いないと思ったのではないだろうか。研究者と見られたのは悪い気はしないけれど、彼女を失望させないためにもこちらはそれ相応の質問などを用意しておかなければと、身構えもしたものである。

　しかし、一介の旅行者のために大学の教官がガイドをするなんてどうなっているんだろうと素朴な疑問を抱いたが、それは道すがら彼女と話すうちに何となく理由がわかってきた。

　二〇一〇年ころは、イランはアフマデネジャド大統領を筆頭とする政治体制で、アメリカなど西側諸国と鋭く対立していた。アメリカのオバマ政権は、核開発を進めているとし

山﨑さんはローマ帝国時代（古代ローマ時代〜ビザンチン王朝時代まで）に、深い知見と並々ならぬ好奇心を持っているので、Dr・マリアンヌは願ってもない絶好のガイドのようだった。いろいろと質問をしてはDr・マリアンヌをとまどわせている。

　この日訪問した遺跡

パサルガダエ＝キュロス大王（二世）の墓
ナグシェ・ロスタム
ナグシェ・ラジャブ
ペルセポリス
ハージュ廟
サーディ廟
ハーフェス廟

　圧巻は「ナグシェ・ロスタム」と「ペルセポリス」だった。ナグシェ・ロスタムは絶壁に刻まれた壁画とでもいうべきもので、全部で五面あった。アケメネス王朝の歴代の大王たちの墓所が、断崖絶壁に刻まれており、その歴史的背景が考古学的価値を充分に高めている。神経を研ぎ澄ませて精巧なレリーフたちの数々と対峙してみると、世界遺産には未登録と聞いていたが、いず

て経済制裁によってイランを封じこめていた。この制裁措置はイラン国民の日常生活を相当に圧迫している様子であった。マリアンヌとの会話のなかでもそのような話題がたびたび登場し、彼女自身はイラン政府の政策に批判的、懐疑的な様子だった。おそらく自身の研究生活はもちろん私生活でも経済的に困窮した末に、このガイドを引き受けたのではないかと察せられた。それでも、流暢な英語からはけっして不承不承ガイドをやっているという様子はなく、ときとして異国人との会話を楽しんでいる風にも窺えた。キュロス大王の話になると、自分はアケメネス朝の末裔《まつえい》なんだということを真顔で主張しぼくをおどろかせた。車の外に出ると、彼女はかつて日本で流行ったようにショールを「真知子巻き」風にして頭と頬を覆った。ぼくはこれを見て密かにおやっと思った。イスラム革命後、女性は人前ではスカーフ、ヘジャブ、もしくはチャドルで髪を隠すことが義務づけられているのだが、彼女はゆるくショールを頭から首に巻き、前髪は平然とのぞかせている。明らかにイラン社会のはみ出し風の女性なのだ。ぼくは大いにマリアンヌが気にいってしまった。

パサルガダエ

パサルガダエは、いまから二千五百年前に大ペルシャ帝国を築いたキュロス大王のアケメネス朝の都があった場所である。そこには、キュロス大王の墓が、石棺をむき出しにした状態ででんと居座っていた。ピラミッドには遠く及ばないがそれでもかなり大きい。この遺跡は世界遺産に登録されているのだが、見たところかなり広範囲である。都跡は二千五百年前のものだが、キュロス大王の墓のすぐ近くには隊商宿の遺構もある。どうみても数百年前のものとしか思えない。いろんな年代の遺跡がごちゃごちゃに混じりあっているのではないかと思った。発掘途中、修復途中のものもある。砦跡がある小高いヒルもある。それらをつぶさに見ていたら、時間がいくらあっても足りないので適当に切り上げるしかなかった。

れ世界遺産に登録されるのは間違いないだろうと確信させられた。

「ペルセポリス」は、ヨルダンの「ペトラ遺跡」、シリアの「パルミラ遺跡」と並んで、中東の３Ｐと呼ばれる世界遺産のビッグネームだ。この中東の３Ｐをすべて観たことが、山﨑さんの自慢だ。パルミラ遺跡は二〇一五年にイスラム過激派組織ＩＳ（Islamic State）により、遺跡の中核をなすベル神殿が破壊されたという。破壊被害前のパルミラを観たとは、羨ましい限りである。

ペルセポリスに一歩足を踏み入れてすぐにわかった。たった半日ではとても全部は観て回れないと…。

私は気に入ったアングルを探して歩き回り、ひたすらシャッターを押すだけだが、山﨑さんは非常に大変だったと思われる。Ｄｒ・マリアンヌの解説に耳を傾け、ときには異論をはさみ自説を説き、Ｄｒ・マリアンヌの反論を待つ。一方でカメラも構えなければならぬ。さぞかし時間の少なさと、シーラーズ滞在を一泊にしたことに悔恨の念を抱いたことだろう。夕方、テヘランへ

ナグシェ・ロスタム

かつてローマ帝国は辺境を東へと拡大しているときにペルシャ帝国とぶつかったことが幾度となくあった。そしてローマ皇帝がペルシャとの戦争で敗北を喫して捕虜となったことが一度だけある。それは、ＡＤ二六〇年にローマのヴァレリアヌス皇帝とササン朝ペルシャのシャープール一世との間で戦われたエデッサの戦いで、このときローマは七万の軍勢で臨んだがペルシャ軍の前にほぼ全滅したという。ヴァレリアヌスは捕虜となってペルシャに送られ、そこで没している。ローマ帝国の皇帝が敗戦の屈辱のうえに捕虜となるのは、建国以来初めてのことで、およそ史実から抹殺したいくらいの出来事であったことは想像がつく。しかし、ペルシャ側から見ると、ローマ皇帝をペルシャ皇帝の前に跪《ひざまず》かせた輝かしい勝利なんだから、未来永劫にその記録を残しておきたいと思うのは当然であろう。その戦勝記念碑がナグシェ・ロスタムにある。ぼくはここを訪れる前に、世界史の本だったと思うがその記念レリーフの写真を見たことを記憶していた。しかし、実物を見ておどろいた。とてつもなく大きいのである。

ナグシェ・ロスタムは、荒涼とした砂漠の端か真ん中かはわからないが、そこにそびえる岩山の絶壁にいくつものレリーフが彫られている大自然のなかのミュージアムだったのだ。

ヴァレリアヌスが馬上のシャープール一世の前で跪き命乞いをする場面のレリーフは、絶壁岩山のほぼ中央に彫られていた。大迫力である。その右側にはダレイオス大王の墓が岩山に刻まれている。

ここには、ダレイオス大王の他に、アルタクセルクセス一世、ダレイオス二世の墓があるのだが、それらの墓の真下、もしくはすぐ近くにこうした戦勝の記念レリーフが岩の壁面に彫られている。シャープール二世のものだったり、ホルミズド二世の戦勝記念碑だ。

のフライトまでの時間を利用して、セーフィとDr・マリアンヌを夕食に誘った。当初Dr・マリアンヌはこの誘いに乗り気のようなそぶりだったが、ホテルに着いた途端に断ってきた。おそらくセーフィが断るように仕向けたのだろう。イランはもともと男尊女卑の国。開かれつつあるとはいえ、女性にとっては、まだまだ不自由を強いられる国のようである。この男尊女卑の国も、いずれ男女同権の国になっていかざ

パサルガダエのカレ（城砦跡）で、マリアンヌと村上。

パサルガダエ遺跡の入り口付近にあるキュロス大王の墓。

ナグシェ・ロスタム。中央下部が、
対ローマ戦勝記念レリーフ。

墓はペルシャ帝国の始祖にあたるアケメネス王朝の王のものなので、時代が下ったササン朝の王は先の王朝に勝利報告の意味でこうした戦勝記念碑を墓の下に彫ったのだろうか。

ペルセポリス

イランイスラム革命からほぼ十年経ったころ、ぼくの大学時代の友人で音楽活動をしている男に会う機会があった。イランから帰ったばかりだという。長期に滞在していたわけではなく、ふらりと旅行したのだという。彼はシーラーズからペルセポリスにも行ったと自慢げに語った。ぼくはそれを聞いて、世界史のなかでしか知らなかったその大遺跡が非常に身近に感じられた。しかも、イラン・イラク戦争が終わったばかりのイランとはどんなところなのか、だれでも自由に入国できるものか根掘り葉掘り聞き出した。しかし、十分もしないうちに一介の旅行者が入国するには様々な制約があることが彼の話からは感じられた。まず、当時のイランはとてつもないインフレ状態であったこと、また、街には革命防衛隊がいたるところに巡回していて、非常に物騒であることがわかった。観光ビザの取得も難しいようであった。

しかし、そのとき以来ぼくは、チャンスがあったらぜひともペルセポリスへ行ってみようとひそかに決意した。

待つこと十年、一九九九年の秋ごろにネットサーフィンをしているうちに、イランに度々入国している人物のウェブページにたどり着いた。そこには、イラン各地の観光地の写真とともにイラン国内の詳しい情報も書かれていた。長年焦がれていたイランへの思いが一気に噴出し、ぼくはそのホームページの主宰者にメールを出し、連絡を取りはじめた。そうこうしているうちにその人物はテヘラン在住のイラン人と共同で小さな旅行会社を運営しているということがわかった。ぼくは矢も楯もたまらなく、イラン旅行の手配をその人物にお願いしたのだった。そして、翌年三月に念願のイラン入国を果たした。

るを得ないと、私は思っている。男尊女卑はなぜ起こったのかを考えてみれば、ある程度の推測はつくと思うのだ。

私の推測とはこうだ。世界の国々はかつては、男尊女卑であった。太古のむかしから男が獣を獲り、一家の食生活を支えてきた。農耕民族の発現があったとしても、重要な働き手として男が家族の食生活=家族の経済を支えていたといっても過言ではないだろう。つまり、家族の経済の主導権を、男が握っていたからこそ、男尊女卑の世界が存在したといえると思うのだ。国際社会では男女同権が当たり前となっている。ただいま現在、男女同権をことさら声高に唱える国はなく、開発途上国の男尊女卑や人権不平等を非難する場合にのみ、唱えられているように私には思える。つまり各国の経済が成長し、男が主導権を握った経済成長が飽和するとき、男女同権は、否が応にも実現されるのではないかと思うのだ。

卑近な例として、日本で考えてみよう。奈良・平安のむかしのことはいざ知らず、戦国時代・江戸時代・明治時代まで、日本国は血統書付きの男尊女卑の国であった。

その旅行会社のテヘラン支店長が、レーザーさんであった。以来、レーザーさんにはイラン旅行のたびにお世話になっている。

二〇〇〇年、初めてのイラン旅行の第一の目標は、じつはイスファハンよりもペルセポリスに行くことだった。ダレイオス大王が築き、アレクサンドロス大王が破壊したというこの遺跡はどのようなものなのかを自分の目で確かめたかった。ひとりでシーラーズまで行き、そこでタクシーのガイドを雇い、荒涼とした砂漠の中の道路を突き進んだ。やがて行く手に緑の松林が見えてそこを抜けると手前に大きな石段が見える目的の遺跡に着いた。このときの感激は忘れられない。やっと来たということと、高い壁とそれを上りつめる広い大きな石段、さらに万国の門、すべてが走馬灯のように思い出される。

再び訪れたペルセポリスのすぐ近くまで来たときに、整然と整備されている遺跡周辺の様子におどろいた。十年前遺跡周辺はただ松林があり、その中に遺跡正面からまっすぐにのびる広い道路があるだけだった。石段の下にはプレハブのような粗末な切符売り場の小屋があった。それが大幅に変わっていたのである。松林を切り開いて造られたのだろう、きちんと舗装された広大な駐車場があり、立派な切符売り場や洗面所も備えられていた。おそらくこの十年の間に世界遺産という観光資産を大事にするということと、増え続ける観光客に対応した結果に違いない。それは遺跡の中に入ってみても随所に感じられた。いたるところに規制線がはりめぐらされて、十年前は立ち入ることが許された場所に入れなかったり、ていねいな案内表示板があったり、カフェが内部に設けられたりと、観光客を意識した措置が施されていた。

ペルセポリスはアケメネス朝全盛期の夏宮である。当時はゾロアスター教が国教としてあり、その新年行事ノールーズは人々の生活には欠かせない重要な意味があった。いまでもイランではノールーズは大切な春分行事として毎年三月二〇日に祝われている。ペルセポリスはそのノールーズと密接な関係があった。ノールーズの祭典には、ペルシャ帝国のすべての支配地域各国から使節団が貢ぎ物を携えてこの宮殿に集まってきたのである。そ

明治時代の日清戦争・日露戦争を経て、日本経済が大いに活性化すると、必然的に人手不足が生じ、農村・漁村に至るまでの日本の各地に、生産拡大に伴う労働力確保の嵐が吹き荒れることとなった。さらに経済活動が進展し人材確保が困難になると、労務費の上昇が生ずるのは当然で、結果的に新たな労働力源として「女性」が見直されることになるのである。「平塚らいてう」の出現は、これらの事象の前触れであったと、私は思うのだ。私は彼女の革新の行動を中傷誹謗するのではなく、世の流れがこういった方向に流れだしていたのを事前に察知した、らいてうの鋭い嗅覚を賞賛すべきと思う。事ほど左様に、その国の経済を促進させようとすると、限りなき労働力の供給（しかも安価な）が、要求されることになり、労働力としての女性の存在の重要性が認識されるとともに、社会的地位も必然的に上昇するものと確信している。

閑話休題（一）

山﨑さんの実家の宗教は真言宗で、即身

の様子は、遺跡内のあらゆる壁面や石段の側面にレリーフとして描かれている。当時の各支配地域の風俗文化を知る貴重な手がかりであり、王朝の権威を示すものでもある。

ぼくが十年前に訪れたときにはこれらのレリーフを夢中でカメラに収めた。ところがちょうど太陽が真上にある正午前後に来たので、レリーフを撮影するには陰影がつきにくく、どうしてもフラットな調子の写真になってしまった。天候がやや曇り気味だったことも災いした。ところが二回目となる今回は夕方で、太陽が西に傾きかけている時間帯だった。

もちろん場所にもよることだったが、レリーフが鮮やかに浮き出る壁面がいくつかあり、そのすばらしさにあらためて感動した。肉眼で見ていてもくっきりと朝貢の列の様子が確認できて、当時の作者の技術の高さやデザインの行き届いた配慮などに舌をまいた。

おそらく朝の太陽や季節によっても、また別の壁面がさまざまな絵柄を鮮やかに浮き立たせてくれるのだろうと思い、それらを確認できないのが少し残念であった。なお、アパダナ宮殿と百柱の間《ま》のあいだには、屋根で覆われている区域があるが、その部分のレリーフを風化から守るためと思われる。貴重な作品を保護するためには仕方ないが、いずれ人工の照明を当てるなどして観賞方法に工夫がされるのではないだろうか。

タチャラ宮殿跡で、イギリス人の観光客と並んで説明パネルを見ているときだった。英語でこの宮殿がクセルクセス一世によるものとの説明書きが表記されていたのだが、彼はXerXesをどのように発音するのか迷っていた。ぼくは当然「クセルクセス」だと思ってそのように伝えたのだが、彼は「シャーシェス」と発音したのだ。イギリスでは、そのように習うのだろうか。因みに傍らにいたマリアンヌにも発音してもらうと「ザーギーズ」と言った。そこにいた三人が三様にひとつの固有名詞を別の音で認識していたので印象に残った。

シーラーズは詩人の町

シーラーズは、ペルシャの詩人と縁が深い。三大詩人が生まれたところである。ハージュ、

成仏（生きながらにして究極の悟りを開き仏になること）を、教義としている日本の代表的な仏教宗派である。経典としては大日経や魔訶般若波羅蜜多心経が一般的である。真言宗といえば「自力本願」という言葉を思い浮かべるのは、私だけではあるまい。自力という単語は自らの力・努力を連想させるし、修験道《しゅげんどう》の修行をも連想させる。しかし自らの努力（修行）でしか、悟りが得られないとするなら、喰うことに汲々としていたむかしのお百姓さんや一般庶民は、なかなか救われない気もする。自力とは自らに備わっている力と考えた方が理解しやすいのかもしれない。山﨑さんのフェイスブックを見ていると、掲載されている写真からは、四季折々の景色や野性味あふれる動植物や、郷土に密着した人々の生活の息遣いが伝わってきて、彼がこういった環境下で生かされ、生きているのだと実感させられる。彼こそは自らに備わっている力を、最大限に発揮しようと、努力している人なのかもしれない。そんな彼を見ていると、即身成仏とは、普段の生活の延長線上に成仏があるという解釈をした方が実は正しい

ペルセポリスのアパダナ宮殿跡付近。

タチャラ宮殿の基壇にあるレリーフ。

サーディ、ハーフェズがその三大詩人であるが、彼らの廟のある公園はいずれも市民の憩いの場所になっている。このうちハージュ廟は空港からシーラーズの町に入るときの大きな門「クルアーン門」の脇の岩山にある。夜でもライトアップされて大勢の市民が出入りしていた。十年前は幾度かその前を通りながらチャンスがなかったので、今回はマリアンヌに案内してもらった。

道路に面した小さな入り口を通りぬけて坂道を上がっていくとハージュの像があり、さらに登っていくと戦勝記念と思われるレリーフがあり、その奥にハージュの遺体が納められている石棺を中央に設置した石室があった。石室の前のテラスからはシーラーズの町が一望できる。私たちが訪れたときはすでに陽が落ちていたので、クルアーン門の向こうには町の美しい夜景が広がっていた。

サーディ廟とハーフェズ廟は十年前にも訪れている。当時はシーラーズに対する予備知識はペルセポリスへの出発地ということくらいだったので、タクシーガイドがそこに案内してくれた意図も理解していなかった。シーラーズの市民にとって、その町が輩出した希代の詩人たちは永遠の誇りなんだろうと思われた。

どちらも市民公園のようなきれいに整備された庭園の中に、棺がおさめられた建物「廟」がある。

サーディ廟は、八角形の建物の中に棺がある。サーディは放浪の詩人と呼ばれ『薔薇園』はイラン文学の最高傑作とされている。十二世紀に活躍した。シーラーズで生まれ、青年期に中央アジアやアラビア半島、北アフリカなどを放浪し、晩年はシーラーズで過ごし没した。

ハーフェズは十四世紀に活躍した詩人で、シーラーズに生まれそして没した。その詩はイランにとどまらずヨーロッパにも紹介され、ゲーテが影響を受けたという。ハーフェズ廟は、八本の柱に支えられた東屋《あずまや》風のドームの下に外気にさらされた状態で石棺が置かれている。私たちがハーフェズ廟を訪れたとき、人々が行列してお参りの順番を待っていた。

のだと、教えられているような気がしてくるから不思議だ。しかし仏教語として自力本願という熟語は存在しないようだ。浄土真宗の開祖親鸞《しんらん》が、他力本願（阿弥陀仏の本願＝衆生〈人々〉が阿弥陀仏に頼って成仏を願うこと）という言葉を使ったが、その対語として自力本願が普及したものと思われる。

ことのついでに、私の家の宗派についても、少し書いてみる。

浄土真宗大谷派（東本願寺）である。私の父は先年亡くなったが、信仰心のとっても篤い人で、現役で働いているときから、『暁烏《あけがらす》 敏《はや》全集』等という仏教本を、暇を見つけては読みあさっていた記憶がある。私も定年退職後、この全集を手にしてみたが、難解さのあまり、早々に放りだしてしまった。仕事を辞め滋賀県余呉町の実家で隠遁生活を送るようになってからの父は、親鸞ゆかりの地、富山県高岡市を毎月一度は訪れ、高僧が語る仏法法話に耳を傾ける「聴聞」を習慣化していた。おどろくべきことに、父は聴いた法話を毎回文章に起こし、近隣の信心深い同朋の士に対し、十五

ぼくもその列に加わったのだが、前の人たちのお参りのしぐさを見ていたら、右手を石棺に置き左手を胸に当ててお祈りしていたので、それに倣った。石棺の上には、何本かのバラの花が供えられていた。

ところでシーラーズにはカナートという水路があることは日本を発つ前から知っていた。シーラーズはオアシス都市とはいえやはり砂漠のなかにあるので、生活や農業用水の確保には古来から工夫が重ねられてきた。カナートは、冬には雪が積もるザグロス山脈から砂漠の下にトンネルを掘って町まで導かれている水路である。ペルセポリスからシーラーズへ戻る車内で、ぼくはマリアンヌにぜひカナートの場所に連れて行ってくれとかなりしつこく頼んだ。イランのカナートは、日本にいるときに二度ほどテレビで紹介されているのを見た。空撮で、水源のある山地から町までを砂漠の上に点線を引いたように井戸の穴が連なっていた。井戸と井戸との間は地下深くトンネルで結ばれているのだ。そのトンネルに山からの清冽《せいれつ》な水が流れているというしくみである。トンネルに導かれた水は、町の郊外まで来るとトンネルを抜けて川のように流れているのではというイメージを抱いていたので、その出口や井戸を見てみたいなと思っていたのだ。マリアンヌは気安く「オッケー、たやすいことよ」なんて返事をくれていた。

サーディ廟に行ったとき、廟の建物の地下に案内された。そこは十年前にも見ていた場所で、大きな八角形の水槽があり人々はお茶を飲みながら上から水槽の中を覗きこんでいた。水槽の底はきれいな水がたたえられてその中を無数の魚が泳いでいた。チャイハネとセットになった市民の憩いの場所なのだろうと思っていたのだが、マリアンヌはこれがカナートだと言った。ぼくは一瞬きょとんとして、「いや、水路が地上に出ているところを見たいのだが」というと、建物の外へ連れられ、今度は地下鉄の入り口のような場所から石段を下りるよう促された。しばらく下りるとやがて水面が見えて、そこにはきれいな水が流れていた。かすかにゆれる水面を通して小魚がちょろちょろと泳いでいるのが見えた。鎌倉の銭洗《ぜにあらい》弁天のような空気が漂っていた。ぼくがイメージしていたカナートとは大分違っ

年近くに亘って、この聴聞法話を配っていたのだった。だから実家には、一九九〇年ころからシャープ製のパーソナル複写機が鎮座していた。企業でさえもが、主流の青焼きコピー機から、ようやく複写機に切り替わろうとしていた時期にである。このような時代に、一般家庭に複写機とは、にわかには信じ難い話であるが事実である。

父も母も、もう亡くなって、現在はだれも住まなくなった実家の二階には、いまも複写機がでえ~んと居座っている。処分しようと思ったりもするのだが、父の信心に対する努力というか、執念にも似た信仰心を感じたりするので、いまもそのまま保管している。父はなぜこんなことをし続けていたのか。おそらく近隣に住む信心深い人たちに、信心決定《しんじんけつじょう》（弥陀の救済＝本願を信ずる心が確として動かないこと）への動機づけの手助けがしたいと願っていたのだろう。あわせて自分も、信心決定したいと強く願っていたのだと思う。そして父のこの願いは、必ずや叶えられたものと、私は信じて疑っていない。一人息子の私は、現在のところは、父ほどの篤い信仰心は持ち合

ていたが、なるほどこういうものかと納得させられた。延々と続く水路は見ることができなかったが、もはや夜ということもあってマリアンヌとしては「これがカナートよ、文句ある？」といわんばかりに、まさにいちばん的確なところを見せてくれたに違いない。

　ちなみにカナートは The Persian Qanat という名で二〇一六年に世界遺産に登録された。カナートはイラン国内のいたるところにはりめぐらされているようで、三か所のカナートが登録されたが、そのなかにシーラーズのものはない。

わせていないが、実家に立ち寄ったときなどは、よほどのことがない限り、正信偈《しょうしんげ》と御文《おふみ》さんはあげるようにしている。

ハーフェズ廟には、夜にもかかわらず大勢がお参りしていた。

サーディ廟。整然とした公園の中にあり、石棺が安置されている。

サーディ廟の地下にはカナートの水路が通っている。

テヘランにぎわうホメイニ廟

イラン・イスラム革命がおきてから四十年が経過し、平穏に見えるテヘラン市街だが、いまなお革命途上にあることを実感させられ、緊張のあまり身を固くすることがあった。

価値観が変わる宝石博物館

シーラーズからテヘランに戻ったのは、一〇月三〇日の深夜だった。そのままテヘラン市内のホテルに投宿し、翌朝はレーザーさんの案内で市内観光をした。テヘランは高原の町である。一〇月末ともなれば寒くも感じるだろうと思っていたが、日中は寒くもなくて過ごしやすかった。ぼくはテヘランは三回目となるが、訪れたところは限られている。十年前は、一人でテヘラン大学の周辺を歩いたものだ。大学のなかにも図々しく入れてもらった。大学というところは、どんな都市でも町の雰囲気とはまた違うし、教官や学生の気質みたいなものが何となく感じられて、ぼくには興味のある場所である。ベイルートに行ったときもAmerican University of Beirutのキャンパスは内戦後の殺伐とした町の様子とは違ってそこだけ戦争などなかったかのような静かな空気が漂っていた。

同じベイルート市内で、美術大学のキャンパスに入ったときは学

ホメイニモスクでの出来事

一〇月三一日、夜中二時にテヘランのメフラバード空港で、レーザーさんと無事に合流できた。例のベンツでフォルドゥースホテル（レーザーさんの斡旋でホテル代はガイド料に含まれているらしい）に向かう。だからなのか、このホテルは『地球の歩き方』には記載がない。つまり、テヘランの一般的な安ホテルということなのだろう。おどろいたことにこのホテルでは、部屋に暖房ヒーターが入っていた。もう冬支度なのだ。明日以降のザンジャンやタブリーズの気温が心配だ。

本日はテヘラン市内への車の乗り入れは、政府公用車・営業用車両・タクシー以外は禁止DAYなのだそうだ。そこでタクシー運転手のレーザーさんの叔父さんが、私たちを迎えに来てくれた。行先はホメイニ・モスク。イラン革命を指導し一躍イマーム（シーア派では国家の最高指導者の尊称）の称号を手にした、イランの最高指導者「イ

生たちの喧騒が聞こえ、どこか溌剌《はつらつ》とした明るさを感じた。その一方で学生たちがたむろしていた校舎テラスの柱に目を移すと、石膏で彫像をかたどった柱が顔と胸を残して銃弾で破壊されているのを見て痛々しく感じた。それは大学のなかで戦闘があったことを物語っていた。しかし、教官や学生は異国から来たぼくを特に警戒することもなく温かく接してくれ嬉しかった。

　十年前にテヘラン大学に入ろうとしたときは、すんなりとはいかなかった。門前の警備所でパスポートの提示を求められたのだ。しかもそれだけでなく、なぜ大学に来たのかその理由を書けと言われ、書類が作成されて、それを大学の事務室かなんかまで回されたのである。ただ入りたいというだけじゃ許可されないだろうと思って「大学におけるインターネット研究の実態を見学したい」などともっともらしい理由を書いた。

　そしたらわざわざ教官らしい人物がぼくを迎えにきてくれて、ネットに繋がっているパソコンがたくさん据えてあるフロアロビーのような場所に案内してくれた。そこでは数人の学生がパソコンをいじっていた。そんなことがあっても、そこを退出した後はキャンパスのなかをぶらぶら歩きまわったが、だれにもとがめられることはなかった。

　今回のテヘラン市内観光にはいくつか目的地があった。その一つは宝石博物館である。ぼくは以前にもレーザーさんの案内で内部を見学しているが、村上さんはイスタンブールのトプカプ宮殿のダイヤモンドが最もすごい宝石であると思いこんでいるフシがあったので、日本を出発する前にレーザーさんには宝石博物館を見学させて

マーム・ホメイニ」の霊廟だ。

　先年ここで自爆テロがあったそうで、それ以来、セキュリティチェックが一段と厳しくなったそうだ。モスク内に持ちこめるのは山﨑さんのカメラ一台だけ。しかも写真撮影はグループで一枚だけ許されるとのことだった。他のカメラや携帯電話・双眼鏡やウエストポーチの類は、指定されたロッカーに預けるという徹底振りだった。

　私たちのセキュリティチェックを担当したのは、三十歳前後の彫りの深い、端正な顔立ちで口髭をたくわえた、一見ムービースターを彷彿《ほうふつ》とさせる風貌の将校（軍服を着ていたから多分そうだと思う）だった。見学を終えて帰る際、その将校が私たちに議論を吹っかけてきた。

　将校いわく。「イランはUSAから経済制裁を受けており、経済や暮し振りはけっして豊かではない。しかしイランはけっしてUSAには屈しない。USAの破綻は明らかだ。日本はUSAによってヒロシマとナガサキに原爆を投下され、何万人もの人々が殺されたはずだ。それなのになぜ、日本人はUSAに尻尾を振るのか?」彼の主張は以上のようなものだった。

　私個人としては、「日本人は戦争で受けた憎しみの仇を返すより、経済的発展の可能性を優先させた!」と言い放ちたいところだが、そんなことを言うと、議論は大紛糾まちがいなしだろう。それじゃぁ、どう言おうかとなったが、山﨑さんが「最近になってようやく、USAのいっていることはおかしいと、我々も感じるようになってきたところだ」と答えた。それにしても山﨑さんは当たりさわりなく、上手いことを言ったものだ。

くれるようリクエストをしておいた。実はぼく自身も初めて宝石博物館を訪れる以前に、トプカプの変わったカットのダイヤモンドを見ていた。しかしイランの宝石博物館を見たときは、あらゆる価値観がぶっとんでしまったような衝撃を受けた。まさに夥《おびただ》しい宝石がこれでもかという具合に無造作に山積みになっていたのである。ダイヤモンド、エメラルド、ルビー、真珠、黄金の数々。特に真珠の量たるや筆舌に尽くし難いとはこのことだろう。

そんな宝石の数々を目にしたら、巨万の富を築いている村上さんだってぶっとぶに違いないと思ったのである。

宝石博物館はイラン国立銀行の敷地内の地下にある。入館する前にパスポートはチェックされるし、カメラはもちろんのこと手荷物の一切を預けて、屈強なガードマンが立っている間をすり抜け、分厚い金庫のとびらで防備された入り口を入っていく。いきなり無数のエメラルドやルビーがちりばめられた玉座やベッドが目にとびこむ。そこからは甲冑《かっちゅう》や宝剣など、ガラス張りのショーケースに納められたものがずらりと陳列されている。それだけでもすごいのだが、さらにその奥には、胸飾りやネックレスなどにしつらえられた宝石があふれんばかりに陳列されている。大きなダイヤモンドを中央に配置して、その周りにやや小さめのダイヤモンドをちりばめたものなどあきれてものも言えないほどの宝石がこれでもかこれでもかと続くのである。十年前に見たときは、真珠の房がケースのなかに山と積み上げられていたが、今回は整理されて、きれいに並べられていた。それでも真珠の房が茹で上げられたうどんやソーメンの束に見えてしまう。ぼくなどは普段は宝石なんかに縁はないし、カミさ

結局議論は紛糾することなく、USA粉砕のために、頑張ろうということになり、互いに握手をして別れた。

現在、世界で核兵器（原子爆弾など）を保有している国は、核拡散防止条約で核保有が認められているUSA・ロシア・中国・フランス・イギリスの五か国である。核拡散防止条約で核保有国を制限することを、不平等条約だと主張し同条約の批准を拒否し、ついには原子爆弾を保有したインド。さらにインドと対立するパキスタンも、対抗上原爆保有国となった。ほかにはイスラエルも核を保有しているという見方がされている。

朝鮮民主主義人民共和国（北朝鮮）は核兵器強国を目指すと公言していたがアメリカなど国際社会から非核化を迫られている。イスラエルと敵対するイランは、核兵器の保有意思を否定しているが、高濃縮ウラン（二〇％）の開発（原子力発電用と釈明している）を進めているので、親イスラエルのUSAがこの主張に疑念を持ち、高濃縮ウランの開発は核兵器保有の意思ありと判断し、イランを国際的に孤立させる政策をとってきた。これがイランに対する経済制裁なのである。

参考までに、原子爆弾を製造するためには、九〇％以上の高濃縮ウランが必要とされている。また、すでに核兵器を保有している、インド・パキスタンの両国とも、その開発過程で、どの国からも、何の制裁も受けることがなかったことを付け加えておく。

現在、我が国では、歴史的事実を背景とした政治的問題に、どれだけの人が興味を持っているのだろう。何人の人たちがこういった議論の輪に、入っていけるだろうか。世界のなかでの日本人の立場は、

んが保有している真珠なんてせいぜい一連ぽっちのネックレスか一粒っきりの指輪であるので、この宝石博物館の宝石類を目の当たりにすると、感覚がマヒしてしまう。ひとつかみでいいからもらえないものかなどと不届きな想念までうかぶ。

まあ、イランへこれから行ってみようという人がいたら宝石博物館へはぜひ行って見学されるとよい。価値観が変わること請け合いである。

レーザーさんは得意そうに言う。「アメリカがどんなに経済制裁を強化してもこの宝石がある限りはイランはびくともしないぜ」と。

ホメイニ廟に集まる人びと

イラン・イスラム共和国とはイランの正式な名称（日本表記）である。その象徴といえばなんといってもイマーム「ホメイニ師」につきるだろう。ホメイニ師はイスラム革命後、イランの最高指導者として統治し、一九八九年に八十六歳で亡くなった。彼の死後もイスラム革命は継続されて現在に至っているが、その原理主義的な国家体制は周辺諸国やアメリカなど西側諸国と様々な軋轢を生んでいることはよく知られている。

イスラム革命の評価はあまたの歴史家、評論家、政治学者に譲るとして、ここでは私がイラン旅行を通じて肌で感じたことを述べておきたい。

ホメイニ師は最高指導者のまま亡くなり、その遺体はテヘランのホメイニ廟モスクに安置されている。ホメイニ師死後に亡くなった

いまのところは極めて暗そうな気がしてならない。

弱者に優しいイランの人々

午後からは「イランメッリー銀行の地下にある宝石博物館」の見学を予定していた。宝石博物館に入るには、ここでもセキュリティチェックを受ける必要があり、カメラも携帯電話も金属の類は、すべてタクシーにおいて見学に行くことになった。ところがその前に、衝撃的な事象に出くわしてしまった。

私はイランメッリー銀行に向かう歩道を、レーザーさんの叔父さんと肩を並べて歩いていた。突然叔父さんが歩を速めたと思ったら、少し前を歩いていた男性の右側に寄り添い声をかけ、自分の左肘のあたりを掴ませて歩き出したのだ。この男性は少々目が不自由だったようで、叔父さんが介助を買ってでたものだった。交差点を二つ渡ったところで叔父さんは、この男性に何やら声をかけ、傍《そば》から離れた。叔父さんは右折、目の不自由な男性は直進の分岐点にきたのだ。私がおどろいたのはこの後だった。

交差点を渡りきった私は、目の不自由な男性のことが気になり、直後にこの男性の方を振り返って見た。なんと、この男性の傍らには別の男性が寄り添うように、介助を引き継いでいるではないか。ここはイマーム・ホメイニ広場を中心に、バザールや宝石博物館などを半径二キロメートル圏内に抱える、テヘランの南の繁華街だ。目の不自由な人に対して、日本でなら無関心を装う人がほとんどで、介助の手を差し延べる人はそう多くはいないと思われる。し

息子の棺とともに並べて棺がある。ぼくはこのモスクに二〇〇〇年に初めてイランに来たときに訪れている。もちろんレーザーさんの案内でだが。

このころは、イランの政治体制はハメネイ師が率いていて、国民

ホメイニモスク内部。背後の廟にホメイニとその息子の棺が安置されている。

かし、このイランではごく当たり前のように、自然と介助の引継ぎがなされていたのだった。

レーザーさんに聞いてみると、テヘランでは、障害のある人に気づいた人が、できる範囲で介助するのが当たり前となっていて、別段取りたてて讃美や称賛に値するほどのことではないとの話だった。

地方都市イスファハンのハージュ橋で感じた「安心と安全」も、大都市テヘランで見た「できる範囲での継続的な介助」も、そのどちらもが、大きな「安心感のある社会」につながっていることに気づか

街の中に設置されている募金箱。ザカート（喜捨）は習慣化されている。

の間に不人気であった。したがってイラン郊外に建設されたホメイニ廟は大きなモスクにもかかわらず訪れる人が少なく、閑散としていた。案内してくれたレーザーさんも自嘲気味にそのけばけばしい装飾のモスクを冷ややかに紹介していたことが印象に残っている。まあ、外国人にとっては珍しいところだと思われるから案内するんですよ、われわれ国民にとってはちょっと恥ずかしいけどね。そんな本音が垣間見えるガイドっぷりだったのだ。

ところが二〇一〇年の今回訪れたときは、周辺の様子からして変わっていた。広い駐車場は車が一杯で、しかもあちこちにテントが張られていたのである。レーザーさんによると、ホメイニ師は最近、国内国外から評価が高まっていて、巡礼者がホメイニ廟に集まってくるのだという。中に入ってみてさらにおどろいたが、棺のある場所を中心に多数の人々がお祈りのために集まっていた。ぼくらは異教徒であるけれど入り口で荷物を預け、カメラを一台だけ持ちこむことが許されて入場した。ぼくと村上さんはれっきとした仏教徒ではあったが、お祈りしているシーア派ムスリムの人たちの邪魔にならないようにいっしょに敬虔にお祈りをした。そしてそのあとちゃっかりと記念撮影もすませた。だれにも見とがめられるようなことはなかった。

ホッとひと安心し、さあ退出しようというとき、警備の兵士がわれわれを日本人とみて、話しかけてきた。英語を使えないらしく、レーザーさんを通して彼の言うことを理解したのだが、要旨はこうだ。

「日本政府は、なぜアメリカの言いなりになるのか。アメリカによっ

されたのだった。

テヘランやイスファハンの市街地には、黄色と青色のツートーンカラーでシェイクハンドを表現したデザインのボックスがあった。山﨑さんによると、恵まれない人たちのために寄付を呼びかける募金箱だとのことだったので、日本人を代表して「貧者の一灯」をしておいた。この募金箱は大都市圏だけでなく、これから訪問するアラムートに至る、辺鄙《へんぴ》な寒村にまで設置されていたのにはおどろいた。

メッリー銀行地下の宝石博物館にて

イランはペルシャと呼ばれた時代から、全世界の三十パーセントのダイヤモンドを保有しており、そのうちの十パーセントが、イランメッリー銀行本店の地下金庫にある宝石博物館に展示されているのだ。つまり私はこれから全世界の三パーセントに相当するダイヤモンドを目にすることになるのだ。セキュリティチェックが厳しいのも、当然のことといえば当然のことなのだ。世界一大きなピンクダイヤモンド（一八二カラット）は、トルコのトプカプ宮殿・宝物館のスプーンダイヤモンドを凌ぐような存在感であった。そこで、このピンクダイヤモンドが、何らかの理由でオークションにかけられるような場合は、私も入札に参戦し、このダイヤモンドを家内にプレゼントしようと心のなかで誓った。

他愛ない夢の広がりが実に楽しい。

ピンクダイヤモンドの存在感も凄いのだが、小粒のダイヤモンドが、昔の夜店の叩き売りのバナナのように、無造作に各展示スペー

て広島や長崎に原爆を落とされてたくさんの人が殺されたのに」

イランの核開発に関して国連などで経済制裁が決議されて間もないころであったが、イラン国民にとってはアメリカの仕打ちは相当に腹に据えかねているという様子が随所に感じられた。この兵士もそのようなくちで、日本政府が唯々諾々とアメリカに追随していることが許せないのだった。

ぼくはレーザーさんに、日本国民のだれもがそうした政府の姿勢を支持しているわけではないということを伝えてもらった。それを聞いた兵士は、こんな旅行者に政治問題を持ち出し追及してもらちがあかないことに気がついたのだろう、最後はいかめしい口ひげの間から白い歯を覗かせてわれわれと握手をして無事に送り出してくれた。

イラン・イスラム共和国は、イスラム教シーア派の法に基づいて国づくりが行われている国である。西側諸国からは「原理主義国家」と規定されている。日本語で原理主義と聞くと、なにかいかめしく身動きが取れないような四角四面の教理で、国民が押しこまれているような印象を持ってしまう。英語では「ファンダメンタリズム fundamentalism」という。宗教の世界では、歴史的には繰り返し起きている活動で、イスラム教に限ったことではない。例えばイタリアのアッシジでフランシスコが起こした清貧活動もその類いだと思われる。カトリック教会のイエズス会活動も然りである。

イランはいま現在もイスラム革命の中途にあるので、国民は日常的に多分いくらかの窮屈さを感じているに違いない。特に革命防衛隊という民兵組織がいたるところに配備されて、イスラム法から逸

スの隅に、山の如く積まれているのにも目を奪われた。つい、一個でいいからくれませんかと言ってしまいそうになったが、日本人の矜持にもとると思いなおし、グッと言葉を飲みこんだ。トルコのトプカプ宮殿の展示品と比較してみると、宝石博物館の方が質（輝き）・量ともにトプカプ宮殿をはるかに凌駕している。トプカプ宮殿側が展示数を一九〇点に制限していることと、ダイヤモンドのカットが古い（時代物のダイヤモンドが多い）ので、見栄えで劣ってしまうということなのだろう。

この博物館で特筆するべきは、真珠コレクションの凄さだ。大珠《おおたま》の真珠もそれはそれですばらしいのだが、山﨑さんが、こっちに凄いものがあるョと手招きしてくれた。私の目に留まったのは、微小粒真珠を数珠繋ぎで房状にしたものだった。直径一ミリメートルあるかないかと思われるほどの微小粒真珠に糸を通し、数珠繋ぎにして…例えば、舫《もや》ってある船が出港する際、舫いロープはぐるぐると束ねて、岸壁に無造作に放置されるのだが…まさに舫いロープのように、本当に無造作に束ねて、ギラギラ輝くダイヤモンドの引き立て役として、さり気なく、ひっそりと、しかし量的には、これでもかというくらいに、どさっと置いてある。何年かけてこんなに多くの微小粒真珠を集めたのか。電動ドリルなどない時代に、どんな方法で微小粒の真珠に糸を通す穴をあけたのだろうか。いったい何人の職人がこの微小粒真珠の束の作成に携わったのだろうか。山﨑さんも私も、ただただこれには絶句であった。

そんな微小粒真珠の展示スペースがいくつもあった。余りにもさり気なく・無造作に束ねて置いてあるので、じっくりと見ないと見

脱する市民を取り締まっている。どこにその目があるかは一介の外国人旅行者にはわかりようがない。警官や兵士なら制服を着ているのでそれとわかるのだが、革命防衛隊は完全に私服らしい。初めてイランに来たとき、レーザーさんのアパートを出て、朝早くレーザーさんとともに車で空港に向かおうとしたら、人通りがほとんどない道で後ろから迫ってきたオートバイの二人組に止められた。二人とも迷彩服を着ていたが無帽で、後部席の若者はライフル銃を片手に構えていた。レーザーさんは落ち着いて対応したので、二人は何ごともなかったかのように立ち去っていった。見送ったあとレーザーさんは、彼らは革命防衛隊だと教えてくれた。逆らうと厄介なことになるとも言った。警官や兵士でもない人間が、一般市民に対して銃で向き合う社会の怖さをこのときにぼくはひしひしと感じた。

テヘランの街中を村上さんとともにレーザーさんの尻にくっついて歩いているときに、歩道の片隅に腰をかけている三十歳前後の男

テヘランの通りで出くわした鷹を持った青年。

逃してしまうほどだが、それに気づくと、圧倒的な存在感を誇示しているのがよくわかる。これらに使用された微小粒真珠の総数は、おそらく一億粒以上と推定したとしても、当たらずとも遠からずといったところだろうと思われた。質的にも量的にも、このようにすばらしく存在感のある凄い代物は、今後は創作されることはないだろうと確信してしまった。

私は真珠というものを、宝石・宝飾の類の中では、下位に位置付けていたが、その思いが根底から覆された気がするとともに、自分の浅学を恥じざるを得なかった。それと同時に、USAを主体とする国際社会が、イランに対して、いくら経済制裁を強化したとしても、そしてそのせいで、イラン国民の暮らし向きが多少悪化しようとも、石油とダイヤモンドによって、イラン政権はビクリともしないのではないかと思ってしまった。なぜならばこの国は、自由主義を謳歌している国際社会諸国より遥かに強固なイスラムの教えと、石油資源と宝飾資産の保有で、がっちりと武装しているのだから…。

レーザーさん宅を訪問し、夕食をご馳走になる

シャイヤーン、サラという二人の息子たちとディーバという娘と奥さんの五人暮らし。三DK（確かそうだったと思う）のマンションだったが、出入りのセキュリティはしっかりとしている様子だった。山﨑さんによると一般家庭としては、結構豪華な夕食を用意してくれたとのことだった。私は羊肉の臭いが全く駄目なのだが、無理をして少しだけ食べた。ピスタチオ入りのインディカ米のバター

性がいた。彼の左の腕には小さな鷹がちょこんととまっていた。それを見つけたぼくは、カメラを向けて男性に撮ってもいいかという合図を送り了解をもらったと思ったのでシャッターを切った。しかし、その瞬間に男性は首だけ横に振りそっぽを向いたのである。その様子を見ていたレーザーさんはその場所から少し離れたときに、彼は秘密警察だろうと言った。顔を撮られると困るからそっぽを向いたのだという。観光客だから鷹は撮らしてくれたけれど、ぼくが市民だったらどんな反応をするんだろうと少し背筋が寒くなった。

レーザー家で団らん

レーザーさんは、ぼくと村上さんを夕食に招待してくれた。八年ぶりのレーザー家である。マスメさんをはじめ家族全員が温かくぼくたちを迎えてくれた。マスメさんは相変わらず若々しく美しい。シャイヤーンはいつのまにか高校生になっていた。八年前はやんちゃなガキンチョだったのがいまじゃすっかり大人びている。ぼくに会うなり、八年前にぼくが撮った写真を持ち出し

レーザー一家と記念撮影。後列右がマスメさん。

ライス（ピスタチオ・ポロウ）は、とても美味しかったしチキンも美味しかった。

ホテルへ帰る途中、トルコ石の店に案内してもらった。トルコ石という名前からトルコ原産と思いがちだが、ほとんどはペルシャ（現在のイラン）が原産らしく、トルコ商人によって世界に広まった経緯から、トルコ石と呼ばれるようになったらしい。おそらくタンスの肥やしになるのだろうなぁと思いつつ、ターコイズブルーの美しいティアドロップ型の裸石（表面は研磨されているが、裏面は未研磨で原石状のもの）を、家内へのお土産に買い求めた。山﨑さんも迷いつつ、きっちり品定めし、お土産用に一セット買った。

経済制裁の影響なのか、簡素な露店が目立つ。

て見せてくれた。やさしい気遣いができる少年である。乳首を咥えてよちよちと歩いていた次男は中学生になっていた。まだマスメさんの腕のなかにいた一人娘は金髪をたくわえたかわいい小学生で、さかんにレーザーさんに甘えていた。八年という月日はぼくにとってはあっという間であったが、レーザー一家にとっては濃密な時間であったことを示していた。イラン入国の日にレーザーさんに渡したマスメさんへのお土産は、再会の日を待つことなくその日のうちに開封されたという。レーザーさんの心遣いもマスメさんの期待も、ぼくにはとても嬉しかった。

レーザー家には食卓はない。食事のときは居間のカーペットの上にビニルシートを広げ、その上に料理を盛った皿や食器を並べていく。キツネ色のおこげをつけたご飯やデカンタに入ったヨーグルトもある。レーザーさんはそれらをぼくと村上さんの大きな皿に取り分けてくれた。マスメさんの料理は美味しいのだが、量が多いので、食べきるのにひと苦労する。レーザーさんはあっというまに平らげお代わりまでしている。その旺盛な食欲が巨体を支えているのは歴然としている。楽しい食事のあと、家族の全員と記念撮影をしてぼくたちはホテルに戻った。

翌日は二〇一〇年一一月一日、いよいよトルコ国境を目指してレーザーさんのメルセデスで旅することになる。イランを東西に横切る旅である。そのときはまだその厳しさを実感することはなかった。

この店には、著名な日本の商社の社員名刺が結構な枚数、デスクのガラス板の下に貼りつけてあったので、それなりに信用のおける店だろうと思われた。

暗殺教団の城砦アラムートをめざす

断崖絶壁の上に、中世のアジア・ヨーロッパの権力者を震撼させたアサシンの砦がある。人跡未踏とはいかないまでも、そこは秘境と呼ぶにふさわしい場所で、厚い霧と雲におおわれた天空にあった。

雨と霧の山中を突っ走る

一一月一日の朝、レーザーさんはお父さんを伴ってやってきた。ぼくが彼にリクエストしていたことは、三つあった。

アラムートへ行く
タハテ・スレマーンを訪れる
タブリーズを通って、最終的にトルコ国境まで送る

以上である。彼のメルセデスをもってすればそれほど困難とは思えなかった。日本にいるときにグーグル・アースなどで調べると、テヘランから国境近くのマークーまでは立派な高速道路も通じているようだった。ところがレーザーさんは、この旅は一筋縄ではいかないと感じていたようで、父親を助手として連れていくことで乗り切ろうと考えていた。お父さんはすらりとした長身で、眼光は鋭いが微笑《ほほえ》むとなかなかに可愛いかった。

その日はあいにくの雨模様で、そのような天気が西の方まで続い

あわや正面衝突

一一月一日、朝八時にフォルドゥースホテルを出発し、六十万キロメートル走破を誇るベンツで、一路ザンジャンを目指す。タブリーズ付近出身のレーザーさんのお父上が、里帰りのため同乗された。天候は小雨。

高速道路で大型バスの横転事故の直後に遭遇した。

本日の私たちの最大の関心事は、アラムート暗殺教団の根城跡を見ることである。標高千八百メートルのアラムートの駐車場に向かって、山腹を縫うように走る。さらに走る！時折展望が開けて平原が広がる。小雨模様が恨めしい。小雨のなかでもそれなりに綺麗なのだから、太陽が少しでも照っていれば、おそろしいほどに黄金色に輝く平原が見られただろう。そんな光景をカメラに収められない天候が実に口惜しい。太陽の出現を祈っていたら、あるまいことか、霧がでてきた。しかも半端な霧じゃぁない。二十メートル先も見え

ていたらアラムートはどうなるのだろうと大いに心配であった。

アサシンは「暗殺者」を意味する言葉で、英語、フランス語にもある。この言葉の語源となっているのがイスラム教シーア派のイスマイル派が中世の西アジアに形成した「暗殺教団」である。

暗殺教団は、十一〜十三世紀のころ、時の権力者をひそかに暗殺するなどして、大いに恐れられた。マルコ・ポーロや十字軍によってその存在が西欧に伝えられたとき、Hashishiと呼ばれ、これがアサシンの語源になったとか、麻薬を使って教団の刺客を操ったとか考えられたため、麻薬（主にポピーの種からとる麻薬）をハッシッシと呼ぶようになったとか伝えられている。

このイスマイル派の城砦は実際にイランの山中にあり、十三世紀のモンゴル帝国の西進の折にモンゴル軍によって徹底的に破壊された。

ぼくは八年前にイランを訪れたときにアルボルズ山脈を越えてカスピ海沿岸のチャールーズに出てそこから西に進み、ラシュトから再びアルボルズ山脈を越えてガズビンに出てテヘランまで戻ったことがある。このときに、レーザーさんからアラムートがガズビンから少し山中に入ったところにあることを聞いていた。アラムート砦のことは、約三十年前に『ローマ帝国衰亡史』を読んでいるときに知り、「暗殺教団」について書かれた本を会社の資料室で見つけて調べていた。またその後『サマルカンド年代記』（アミン・マアルーク著）を読んだときに、オマル・ハイアームとハッサン、マリク・シャーの三人の英雄が織りなす数奇な物語に引きこまれてしまった。このハッサンが暗殺教団を組織し、マリク・シャーの命を付け狙っ

にくいのだ。

二〇〇五年に中国の江蘇省の高速道路で出逢った霧も凄かった。車間距離五十メートルほどで走っているのだが、ほとんど前を行く車輌が見えないのだ。友人は前方車輌のテールランプを頼りに、時速百二十キロメートル程度で運転していた。そして、こんな状況下では、前方車輌に付かず離れずで運転するのが中国流だといっていたのを思いだした。自分だけが減速すると追突される恐れがあると…。アラムートへの道はクネクネの山岳道路（舗装はされていた）だ。前方を走る大型トラックが窓から手をだして追い越せという仕草をしたので、追い越しかけたら突然対向車が現れ、あわや正面衝突というところを、何とか回避できた。肝をつぶす思いがした。気づけば無意識のうちに二点式シートベルトをカチッとしていた。

ようやく一二時ころアラムートの山麓駐車場に到着。天候曇りときどき小雨。

「アラムート暗殺教団」とは、イスラム教過激派の元祖（イスマーイール派ニザール派）で、イスラムの教えに厳格なあまり、イスラムの教えに背くムスリム（イスラム教徒）の権力者たちを、容赦せず暗殺していった政治結社のこと。同時にイスラムと敵対する異教徒たちをも、容赦なく暗殺対象としたので、中世ヨーロッパ人が、アサシン（暗殺者）と呼んで恐れた暗殺教団の根城（アラムートの城塞）を見学にきたのだ。レーザーさんが、道に迷ったら命の保証はできないから、登りも下りも絶対に階段状のコースから外れるなと、しつこくいう。彼が言うには、いまいる駐車場は千八百メートル付近で、直登で三百メートルほど高度を稼げば、目的のアラムートの城塞（フ

たとされている。

今回イラン旅行を計画したとき、暗殺教団の砦アラムートをぜひとも自分の目で見てみたいと思った。

事前の地理的知識としては、ガズビン近くからアルボルズ山脈の山中に少し入ったところということくらいしかなかった。

しかし、実際に行ってみると、ガズビン手前から右に折れ、百キロ余りの道のりを行かねばならず、標高二千メートルを超える峠を二つは越えて、まさに秘境ともいうべきところにアラムートはあった。天候が悪く、雨と霧で二十メートル先も見えないような細い道路を進み、いきなり現れる対向車に肝を冷やしたことも一度や二度ではない。

アラムート砦に近いという小さな村ガゾルカーンは、黄金色に染まる山々に囲まれた狭い谷あいにあり、ポプラの木立は紅葉が始まったばかりの緑の枝を天に伸ばし、刈り取られた水田が不規則な形をとって道沿いに広がる景色は、おそらくそこでしか見られない独特のものであった。

天空の要塞アラムート

砦への登山口は、村からかなり登った山の中腹にあった。そこからは徒歩でしか登ることができず、霧に隠されて山の方向さえ確認できない状態だった。

同行の村上さんとともに意を決して急な石段を登りはじめた。途中休憩所がひとつあり、そこからは断崖に沿った細い道を進んだ。

ラグ汗《ハン》が二年の月日をかけて、ようやく攻め落としたといわれている）だという。レーザーさんは肥満していて一緒には登れないので、車で私たちの帰りを待つという。山﨑さんとカメラだけぶら下げて城塞を目指す。さすがに二千メートル近くもあるので息苦しい。

小屋が見えてきた。遺構の修復作業をしているようだった。遺構の写真を撮っている間に、山﨑さんに追い越されてしまった。マニュアルで撮影していると、いつも彼に後れを取ってしまう。カメラは経験がものをいう世界だけに、これはこれで致し方ない。さらに登ると、また小屋があり若者と老人四人が焚火で暖をとっていた。小屋一帯がアラムート城塞跡で、ほんの少し先が天辺《てっぺん》だった。小雨と霧でとにかく視界が悪い。小屋にもどって、焚火の仲間に入れてもらうのだが、ときどき霧が晴れるときがある。都度カメラを掴んで飛び出す。そして霧が出ると焚火小屋に戻ることを繰り返した。

ペルシャ語ってどちらから書くの？

焚火《たきび》を囲む人たちの写真を撮っていると、ひとりの爺さんがその写真を送ってくれといいだした。爺さんの隣にいた若者が、山﨑さんの手帳に住所らしきものを書きだした。ペルシャ語って右から書くんだと、このとき初めて知った。横書きは、左から書き、左から読むのに慣れてしまっていた私には、ちょっと意外にして新鮮な発見だった。帰国後、BS1のワールドニュースで、アルジャジーラ放送の字幕が、左から右に流れるのを確認した。アラムート城塞跡には、岩壁をくり貫いて、人間が充分に通行可能な大きな貫通孔が

やがて、観光客用に臨時に設置されているのか、足場用のパイプで組まれた階段を登りきると、ようやく砦への入り口のようなところに着いた。そこにも眼前に覆いかぶさるような絶壁が立ちはだかっている。その絶壁の壁づたいにやはり足場用の鉄材で組まれた階段があり、そこを登るとようやく砦の構造部分に出ることができた。

さらに進んでついに行き止まりの柵があるところに着いたが、もはや完全に霧の中で、その位置がいったいどのくらいの高さにあるのか周辺がどうなっているのかさえ見当がつかない状態であった。

砦跡はいまも修復作業が進められているようで、作業員のイラン人四人がたき火を囲んでいたので、ぼくたちもしばらく一緒に暖をとらせてもらった。

2000 メートルの山上で仕事をしている人たち。

そのとき、急にぱあっと霧が晴れて、砦を囲む峰々の山肌が現れた。それはまさに幻想的な瞬間で、アラムートが海抜二千百メートルの峻険な尾根にある天空に浮かぶ城砦であることをはっきりとわからせてくれた。

作られていた。この貫通孔は、常に四方八方に目を配るという意味で、城塞の防衛上必要だったのだろう。貯水槽と思われるような遺構も何か所か見かけた。標高二千メートルを超える山城に籠《こも》るには、食材の調達・運搬そして各国・地域から放たれる刺客の監視・防御や応戦など、中世ヨーロッパを震撼させたアラムート暗殺教団の根城生活も、けっして楽でなかったはずだと感じた。

一方で、イスラムの教えに非常に厳格であるがゆえ、腐敗したムスリムや敵対する異教徒に対して、聖戦（ジハード）を仕掛けていた彼ら暗殺教団にとって、「ジハードに倒れれば、必ず天国にいける」というイスラム独特の思想が、彼らを強力に鼓舞したはずなのである。ジハードに倒れれば、必ず天国にいけるという思想がある限り、この根城での生活に関しては、彼らは不満や不安を微塵《みじん》も感じていなかったと思われる。そしてこの過激な思想は、現代のアルカーイダやIS（Islamic State）などの、超過激派武装集団に受け継がれて、「聖戦（ジハード）＝無差別テロ・自爆テロ」として、国際社会やそれに近いイスラム教国を、震撼させているのである。一四時一〇分、予定より二十分ほど早く下山。レーザー父子も私たちの顔を見てニッコリと微笑んでくれた。あとはザンジャンのパークホテルを目指すだけだ。

晴れてさえいれば、さぞかし黄金色と茶色と黒色の明白なコントラストの光景が見えたであろう。北海道は富良野市美瑛町のパッチワークの丘も真っ青になるような凄まじい光景が広がっているはずなのに、とても残念である。明日に期待しよう。

ザンジャンに着くちょっと手前の路上に人だかりができていた。

アラムート砦の遺構。霧に包まれると、「暗殺教団」の神秘性がますますベールで覆われるようだ。

砦は峻険な山の尾根沿いに長く連なっていて、途中には岩山の山腹を穿《うが》ったような通路もある。

『ルバイヤート』を書き遺したペルシャ人オマル・ハイアームはよく知られている詩人で、現代でもイラン人にこよなく愛されている。シーラーズでガイドをしてくれたマリアンヌも大好きな詩人だと言っていた。数学者、天文学者としても名高い人物だが、一方で彼の友人が実は暗殺教団の首領ハッサン・サバーフであり、アラムート要塞を築いたその人なのである。四行詩で有名なオマル・ハイアームとハッサンのつながりは『サマルカンド年代記』に詳しく描かれている。この二人の人物と時のペルシャのスルタン、マリク・シャーとの物語はペルシャでは代々伝えられていると思われ、暗殺教団の神秘性をますます深めている。ハッサン・サバーフが刺客を差し向けてマリク・シャーの命を狙ったことは事実のようで、時の権力者から大いに恐れられた存在であったのはまちがいないだろう。

十三世紀当時のペルシャはセルジュークトルコの支配下にあり、スルタンの住む都はイスファハンにあったので、刺客は、アラムートから山を下り都まで行くには途中の大きな砂漠を越えねばならず、大変な旅であったことが想像される。ただ麻薬に操られてというだけでは、権力者を殺すという目的を達成することはできなかったのではないだろうか。そこには暗殺教団が共有していた宗教的思想的な理念が存在していたに違いないと思うのはうがちすぎだろうか。

フラグ・ハン率いるモンゴル帝国がイラン高原に攻めこんだとき、さしものアラムート砦も徹底的に破壊されたという。シルクロード交易の大きな障害でもあったので見過ごすことができなかったのだろう。

レーザーさんはベンツをその人だかりの傍らに止めると、懐かしいからちょっと食べていこうと、その人の輪に入っていった。

ベンツを降りると寒々とした風が吹き、ちょうど日没間近の景色と相まって、体感温度を一層低く感じさせる効果も満点だった。私は合わせた両の手に息を吹きかけるしぐさをしながら、人だかりの輪に入っていった。おどろいたことに山﨑さんも同様なしぐさをしているではないか。異国の寒空の下にたたずんでいると、日本人としてのセンチメンタリズムを、ほんの一瞬だが感じた思いがした。

輪のなかには小さな屋台があり、大鍋が煮えていた。鍋は何だか怪しげなほど黒っぽい液体で満たされて、大量の湯気を発していた。中身を確認しようと顔を近づけると、眼鏡が曇ってしまい難儀したが、曇りが取れてくると、大根か蕪《かぶ》の輪切りにしたものが泳いでいるのが確認できた。

結構長時間煮こんでいたのだろう。大根らしきものは飴色《あめいろ》となり、大根のおでんそのものに見えた。この熱々の大根の煮物が、体感温度を下げた人々を呼び集めていたのだ。私はふぅ〜ふぅ〜いって熱々の大根を頬張り、大根ってこんなに甘いんだと感嘆しつつ、またしても眼鏡を曇らせたのだった。ただ大根がこんなに甘いはずがないという思いもあった。蕪ではないか?

帰国後大根と蕪について少し調べてみた。原産地はどちらも西アジアらしく、大根だった、蕪だったとの結論を出すには至らなかった。この疑問については、きっと近い将来再度訪れて、自分の舌で結論を出したいと思っている。

ゾロアスター教の聖地タハテ・スレマーン

神の仕業としか思えない地形のなかに、火を崇めた人びとの足跡が残されている。ここに立つと、原始の時代に人間が日々の生活を営むとき、大地から吹き上がる火と熱い水は、このうえもなく恐ろしい、恭順すべき対象であっただろうことがわかる。

タハテ・スレマーン

イランの世界遺産は二〇一〇年当時、イスファハンのイマーム広場、ペルセポリス、チョガー・ザンビールなど十二サイトが登録されていた。そのなかで、ぼくがぜひ訪れてみたいと思っていたのは、タハテ・スレマーンとタブリーズであった。タブリーズはシルクロードの要となる都市で古い絨毯バザールなどが文化遺産として登録されている。しかし、タハテ・スレマーンについては概要さえもつかめず、わかっていたのはゾロアスター教の遺跡ということくらいだった。地図で見るとテヘランから西のタブリーズとの間にあるのだが幹線からは明らかに外れていた。レーザーさんにその場所に案内してくれるようリクエストはしたのだが、彼自身もあまり行ったことがない印象であった。

ザンジャンを早朝に出発して、レーザーさんの運転するメルセデスはひたすら起伏の多い高原地帯を走り続けた。ゆるやかな丘陵地

羊肉が嫌いではないけれど

ようやくザンジャンのパークホテルに着いた。

レーザー家の夕食に招かれたとき、私の嗜好《しこう》をレーザーさんは把握したに違いない。ザンジャンの場末のレストランでは、さかんに気を使ってくれていた気がする。レーザーさんのなかでは、私は羊肉嫌いだとインプットされていたかもしれないが、実はそうではない。もう二十年も前のことだが、ドイツのローテンブルクで食べたラムのステーキは絶品だった。飛騨牛のヒレステーキと遜色のない、外連味《けれんみ》のない味わいだった。私は滋賀県在住なので、本来なら近江牛と比較すべきなのだが、近江牛は私の懐《ふところ》具合と相容れない側面があり、比較対象からは除外されているので、この点についてはご容赦いただきたい。飛騨牛ならばたとえA5ランクといえども、何とかなる範疇《はんちゅう》なのだ。はっきりいってしまえば、私は羊肉が嫌いなのではなく、ただ羊の脂の臭いが駄目なだけなのだ。ザンジャンのレ

帯に出ると大きなトラクターが斜面を耕しているのが見えた。麦でも栽培するのだろうか。広大な畑である。レーザーさんによると、イランでは農地はすべて国有地で、農民は耕作したい土地を国から借りて農作物を作っているんだとか。これだけの広い農地で作物を生産しても町が近くになければどうやって消費者のところまで流通させるんだろうと余計な心配までしてしまう。それほど無人の荒野をメルセデスはひた走りつづけた。アップダウンもけっこう激しい。

2千年前に造られた都市遺跡の一部。

強い酸性の水は、細い水路から城壁の外に排出されている。

タハテ・スレマーンの全景。火口湖を中心に遺跡は城壁で囲まれている。左上方の山はゼンダネ・スレマーン。

日干しレンガで造られた街の遺構は広範囲にある。修復中のものもあった。

しかし道は悪くはない。すれ違う車は二、三キロに一台という割合なのでレーザーさんが居眠りしなければ、安全この上ないドライブである。こんな道を自転車で走ったらどんなだろう、面白いツーリングじゃないかしら、しかし途中に全く人家も店もないから補給がむずかしいな、などと余計な妄想が頭をかけめぐる。

そうこうしてややウトウトとしているうちに、緑の木立や人家などが見えてきて、やがて眼前に城壁が現れた。おお、これは街を取り囲む市壁ではないかと、想定外の光景に圧倒された。

レーザーさんはおもむろにこれが世界遺産タハテ・スレマーン遺跡だという。

駐車場は特に整地されているわけでもなく、適当なところに車を停めて、石畳の道に導かれて城壁の門まで徒歩で向かった。途中に世界遺産であることを示す碑文が書物を開いた体裁で据えられていた。その他には何もない。お土産物屋はもちろんドリンクスタンドもないし人影さえもない。城壁の門が入り口になっていて、そこにようやく遺跡の管理人と思しき人物がいて入場券を売っていた。

城壁の内側に入ってみて、またも眼前の光景に呆然とした。そこには巨大な池があった。いや水たまりかもしれない。湖というにはやや小さい。池というには大きすぎる。満々と水をたたえたポンドだ。手を水に触れようとしたらレーザーさんに止められた。この水は強い酸性だから手がただれて危険だというのだ。水は温かいという。ポンドの中心から絶えず湧き出ていて淵にある細い溝を通って城外に排水されているという。たしかにその酸性水のせいか、ポンドの周辺には草木一本生えていない。

ストランでは、鳥のレバーのようなものを炒めていた。

炒め用の脂は何を使っているのかと聞いてもらうと、ヒマワリ油だとのことで、私はすっかり喜んでしまい、即座にこの鳥のレバー炒めを注文してしまった。いま思い出しても、奥歯と奥歯の隙間から、唾が溢《あふ》れ出る思いだ。そして肝心の味も期待通りの優れもので大正解だった。

難をいえば、ここイランでは百パーセント、ナンしか出てこないのだ（この洒落わかりましたか?）。ただただフランスパンが欲しいのに。

私はいまだかってフランスという国には行ったことがない。だから本場のフランスパンの味は体験したことがない。しかし、トルコのフランスパンは一級品という事実は、半年前のトルコ旅行で、すでに自分の舌で確かめ納得している。

フランスパンを大ざっぱに分類すると、皮がパリパリのバゲット、中身がモチモチのパリジャン、そしてパリパリの皮とモチモチの中身の配分のバランスが取れているバタールになると思う。トルコではバタールが多かったようだ。上顎《うわあご》に突き刺さるような、パリパリの皮と、麦の香りが豊かで、他の食材の味も香りをも包みこむ、モチモチの食感を、きわめて美味しいと思ったが、ないものねだりをしてもしようがない。日本で食べているのとほとんど味の変わらぬ鳥のレバー炒めを一心不乱に食べ尽くすことで、フランスパンへの熱い思いを断ち切った。

その夜、レーザー親子はパークホテルからず～っと離れた、もっと安いホテルに泊まったようだった。

タハテ・スレマーンは、イランのネイティブ宗教であるゾロアスター教の古代遺跡である。ゾロアスター教は、世界で最も古い一神教といわれ、ユダヤ教はゾロアスター教から派生したという説を唱える学者もいるという。イラン人の生活のなかにはいまでもゾロアスター教の名残とされる生活習慣などが残っている。その一つは、新年を一般の一月一日ではなく、春分の日となる三月二〇日をノールーズという新年の日としていることである。イランでは一年のうちの最重要な日で、この日の前後は一斉にお正月休みとなる。タハテ・スレマーンではこのノールーズの日に世界中のゾロアスター教徒が集まり新年の催しを行っているということである。

なぜ、ゾロアスター教とゆかりが深い地であるのか、それはこの地域が火山地域であることと関係が深い。城壁の中の巨大なポンドはどうやら火口湖らしい。かつては水の代わりに溶岩が吹き出ていたのかもしれない。火口湖の周りには、二千五百年以上まえの住居や倉庫の跡が残っている。整然と整備されていた街があったことが伺える。もちろん神殿もあったことだろう。いつの時代になってからこの街が打ち捨てられたのかはぼくにはわからない。

このタハテ・スレマーンを歩いているときに、そのどこからでも見ることができる円錐状の山が数キロ先にあることが確認できた。映画「未知との遭遇」に出てくる「デビルタワー」にそっくりなのだ。デビルタワーに比べるとそのそびえ方はやや緩やかに見える。ぼくたちはそのタワーを間近で見てみたいと強く思った。メルセデスがそのタワーの麓に到着すると、そこには掘建て小屋の入場切符売り場と小屋があるだけだった。そこからタワーを見上げると、そう高

デビル・マウンテンであわや！

一一月二日　朝八時にザンジャンのパークホテルを出発。

本日の到達目的地はタブリーズのシーナホテルだ。

途中、タハテ・スレマーンという、ゾロアスター教の宮殿跡に寄る。標高二千三百メートルほどの高地に湧水池があり、アルサケス朝・ササーン朝に栄えた城壁の跡地で、世界遺産に指定されている。

タハテ・スレマーン博物館で、この世界遺産を鳥瞰《ちょうかん》している写真に魅せられた。レーザーさんに無理をいって、対峙する丘の中腹までベンツで連れていってもらう。あとは直登するしかない。目の子で約二百メートルを、山﨑さんと競うようにして走り登る。博物館の写真はもう少し高度を稼いだ位置から撮ったようだった。

しかしこのときの私は、気力も体力も使い尽くしてしまっていた。後から考えれば無理からぬことであった。タハテ・スレマーンの湧水池が標高二千三百メートル地点で、そこから二百メートルを走って直登しようというのだから…。あとは山﨑さんが私を、おんぶでもしてくれるという僥倖《ぎょうこう》にすがるのみだったが、時の運は訪れることはなく、残念ながら、ちょっと低い高度からのアングルでの撮影で、妥協せざるを得なかった。

タハテ・スレマーンからしばらくベンツを進めると、ゼンダネ・スレマーン（昔監獄があったという噴火口）が現れた。不気味な雰囲気と形状を持った山で、デビル・マウンテンと名付けて登ってみることにした。頂上から噴火口の内部を覗く。深さが八十五メート

くは見えなかった。天辺に続く山肌に大きな樹木はなく、砂漠の延長のように丈の短い草木がそばかすのようにへばりついているだけで、地肌は礫石で埋めつくされていた。これなら天辺まで登れそうだと思った。事実、先客の数名が山の中腹を登っているのが見えた。ぼくは村上さんを誘って、少々勇気がいったが登りはじめた。傾斜は最初は緩やかで、やがて次第に険しくなり、そして岩だらけの山肌となっていった。デコボコした岩に足がかりを見つけながら上へ上へと進むと、先に登頂を目指していたイラン人の家族に追いついた。大人と少年二人のグループで、装備はいたって軽装である。こちらだって褒められたものではないが、一応防寒具は着ている。それでも山上は遮るものがないので風が強く寒かった。ようやく頂上へ着くと驚愕の光景が待っていた。頂上は空洞だった。いや、巨大な竪穴があったと表現したほうがよいかもしれない。頂上には自分の二本の足で立つにはあまりに狭く覚束なく、ぼくは腹這いになって竪穴の中を覗きこんだ。穴の直径は六十五メートルというから巨大である。文字通りの垂直に伸びた竪穴であった。落っこちたらひとたまりもなくお陀仏《だぶつ》間違いなしである。

この山もかつては温水が噴出していたという。タハテ・スレマーンと同じく火山の火口だった。それがいつからか水が涸れて、ゾロアスター教の神殿としては用をなさなくなり、忘れ去られていった。十九世紀には、監獄としてこの竪穴が使われたこともあったという。ゼンダネ・スレマーンがこの山の名前である。

ゼンダネ・スレマーンの火口。

ルとのことだが、二百メートル以上あるように感じる。おそろしいので、すぐに退散することにした。

ところが、下山の途中で不安定な浮き石を踏み、転倒し右足太腿部を強打してしまった。少し痛いが骨折には至らず、不幸中の幸いだった。タハテ・スレマーンでは訪れなかった時の運が、ここで訪れたかのような出来事だった。

ズボンのポケットに入れた「ノキアのレンタル携帯」の表面に亀裂が入っており、転倒時の衝撃の強さが、半端でないことが窺い知れた。重ねて幸いなことに、この携帯は通信に支障は生じていなかった。私は山﨑さんの勧めもあって、この旅行にニコンのズーム型双眼鏡を携えていた。帰国後、この双眼鏡のピント調整の調子が悪いことに気づき、修理に出したところ、ズームの軸が断裂していて修理不能だから、新品を購入してくださいとのことであった。双眼鏡は、ケースに入れてズボンのベルトに通して、固定していたのだが、このときの転倒の衝撃で、軸が断裂してしまったようだ。私の右脚も痛い思いをしたが、レンタル携帯も双眼鏡もその身を犠牲にして、私のクッションになってくれた結果が、時の運を呼びこんでくれたのだった。

シルクロードの要タブリーズ

ヨーロッパに近い町は、イランのほかのどの町よりも華やいだ雰囲気がある。ここはアジアとヨーロッパをつなぐ隘路《あいろ》だ。男も女も表情が明るく活気に満ちていた。

一路タブリーズへ

タハテ・スレマーンを後にして、タブリーズに向け出発したのは午後二時をすぎているころだった。タハテ・スレマーンでは重いカメラを抱えて二つの山に登ったので、ぼくも村上さんもかなり疲れていた。

途中昼食を摂るために小さな街TAKABに立ち寄ったのだが、それがタブリーズまでのルート沿いにあるどの街かまったくわからなかった。それは原稿を書いているいまに至っても同じである。街を歩いていた人々の服装から判断して、ここはクルド人の街であることはなんとなくわかった。

クルド人は国を持たない民族としてイラ

大物を釣るゾと意気込んでみたものの…

タブリーズの手前でレーザーさんがベンツをちょっとした川に寄せてくれた。山﨑さんがレーザーさんに振り出し竿を持ってきたと伝えていたのだ。この名称不明の川は、川幅はたっぷりあるが浅い。しかも川底は砂地のようだった。私が持参した渓流釣り用の振り出し竿は、リュックサックの寸法を考慮し、仕舞寸法五十六センチメートル、振出寸法一・五間（二・七メートル）の短竿だ。エサは持参せず、毛鉤《けばり》を試してみるつもりだった。最初はニンフ（水面に浮くタイプ）で攻めてみるが反応なし。次はウエット（沈むタイプ）でもやってみたが、やはり反応なし。砂地のうえに水深が浅すぎるのだ。川面に立ちこんで竿を振れば、もう少し水深のある所を攻めることができるが、なんとか一匹釣りたいという欲望と、どうせこの水深では釣れないだろうから止めておけという自制心の鬩《せめ》ぎあいの末、立ちこんでの釣りは断念した。一足しかない靴を濡らすわけにはいかないからだ。ノーヒットの連続で、結局ノーバイト（釣果なし）に終わった。何も釣れはしなかったが、イランのタブリーズ近辺の川で渓流竿をだした日本人は、多分私が最初ということになるだろう。そんな気分を表現したくなって、心の底でエヘン、エヘンと咳払いしながら、ちょっと背を反っくり返らせてみた。

ク戦争やその後のイラク・シリアの内戦で世界の注目を集めている。イランにもクルド人はイラク、トルコの国境付近に多数が暮らしている。トルコほどには、イラン政府との軋轢《あつれき》はないように見受けられる。男の人はだぶだぶのズボンに太い帯を腰に巻いている。女性は髪にアクセサリーのヘアバンドをつけていた。

そんな街を抜けて、一路タブリーズ目指してレーザーさんのメルセデスは疾駆していった。イランは広い。行けども行けども人家は見当たらず荒涼とした山や大地が眼前に展開している。陽が西に傾いているころ、休憩のために川原に車を停めてくれた。

その川には珍しく水が流れていた。川といっても堤防や橋があるわけではなく、まさに流れるままに任せ自然にできた川であろうと思われる。そこで村上さんはおもむろにリュックから釣り竿を取り出した。簡単な仕掛けをつくり静かな川面に竿を振り出した。こんな川に魚がいるのだろうかといぶかしげにその様子を見ていたが、ご本人は異国で、しかもイランの最果ての地で釣りができるとあってご満悦の様子であっ

帰国後、グーグル・マップで調べてみると、名もないと思った川はクリ・チェイ川という名称の川だったと特定できた。

そんなこんなで、波乱万丈の一日が没し、シーナホテルに到着。

夕食時レーザーさんが羊肉をぜひとも食べろと、またまた熱心に勧めてくれる。シーラーズやテヘランの羊とは、食べている餌が違うというのだ。タブリーズの羊は、自然の草を年中たっぷりと食べているから、絶対に美味いんだ…と自信満々である。それならばと一口かじってみたが、無論私の鼻腔と舌の味蕾は誤魔化せず、すぐにフォークを投げ出してしまった。せっかく勧めてくれた彼に悪いかなぁと思いなおし、レモンをたっぷり搾りかけて食べてみると、独特の臭気は少しばかり軽減された。しかし二口目を口に運ぶほどの勇気と食欲は、すでに萎《な》えてしまっていた。結局のところ、私が残した羊肉は、レーザーさんが美味い美味いと全部平らげてしまうのだった。イランは料理のバリエーションが少ない国だと思われた。『地球の歩き方』にでてくるような料理には、ついぞお目にかからなかった。羊肉か牛肉かチキンのケバブ、魚にしてもフライかグリルしたものしか出てこないのだ。イラン人は特に羊肉を好んで食べているようで、毎日羊・羊・羊で、よく飽きないものだと感心してしまうが、彼がいうには羊も地方・地方で味が違うのだという。そして羊のお国自慢が始まるのだが、私にはまったく理解できないことだった。食べ物に関しては「よくぞ日本に生まれけり！」である。

閑話休題（その二）　交通事情が意味することとは…

私は中国という国を、とても面白い国だと思っている。テーブル以外の四脚は何でも食べるという、思い切りのよい食文化も面白いし、国中がすさまじいバイタリティで、経済的爆走を繰り返す。その節操なき変化が堪らなく私を熱く惹きつけるのだ。二〇〇三年からこの十年間で、おそらく二十回くらいは訪中しただろう。しかも江蘇省南通市という片田舎の市

タブリーズへの途中、静かに釣り糸を垂れる村上。

（…とはいえ人口は七百万人もある）と、その周辺都市しか訪問しないのだ。ひとつの地域に定期的に訪問を繰り返していると、中国という国そのものが、日本経済の後追いをしているということに、嫌でも気づくから不思議だ。街灯ひとつなかった粗末な未舗装の田舎道が、二年も経つと片側三車線とか四車線の一般道路や高速道路に変貌するのを目の当たりにして、腰を抜かさんばかりにおどろいたことも、二度や三度のことではなかった。決断の素早さと一気呵成《かせい》の実行力には、ほとほと感心させられ、あと十年もすれば経済的には追いつかれ、一気に突き放されてしまうのだろうなぁと、半ば諦めの感情さえ湧いてくるほどの巨大インパクトを感じたりするのだった。

　ところがモラル面となると、中国政府としてもお手上げ状態なのだろうと思ってしまう。運転マナーも歩行者のマナーも劣悪だ。走行中の割りこみ・幅寄せは日常茶飯事で、クラクションの音も嵐の如く…である。日本を訪れた中国人が最初に洩らす感想は、「日本ってなんて静かな国なのだろう」である。そして、ときたま聞こえるクラクションの音を聞いて、「日本の車にも警笛が付いているのがわかって、ちょっと安心したわ！」と言うのが常なのだ。振り返ってみると私もクラクションを鳴らした記憶がほとんどない。警笛を鳴らす前にブレーキを踏んで、危険を回避するのが習慣化しているから、むやみに警笛を鳴らす必要がないのだ。このことは私に限ったことではない。ほとんどの日本人が習慣として身につけた、この行為の総和が、静かな日本を実現しているのだ。中国では歩行者のマナーも問題だ。片側三車線もある一般道路でも、信号のないところを平気で横断する。しかも悠々と…。私などは気が小さいものだから、すぐに走って渡ろうとするのだが、その都度友人から注意される。何も悪いことはしていないのだから、ゆっくり歩いて渡ればよい。走って渡ると、危険を承知で渡っていると思われて、かえって危険だと…まぁ郷に入れば郷に従えで

た。予想にたがわず当たりはなかった。

　タブリーズはイラン西部に位置する都市で、テヘラン、イスファハン、シーラーズに次ぐ大都会である。イランではアゼルバイジャン地方の中心都市である。アゼルバイジャン人が多く、ガイドのレーザーさんはこの地域にルーツを持つアゼルバイジャン人なので、きっと懐かしい街なんだろうと思っていた。今回お父さんが一緒についてきてくれたのも、そんな理由があるのかもしれない。

　ぼくはタブリーズへのルート沿いに、大きな湖があるのを事前に知っていた。琵琶湖なんかよりはるかに大きい湖を見るのを実はひそかに楽しみにしていた。しかし、西に行くにしたがい陽は傾き、やがて深い闇の中を車はひた走り、ぼくは昼間の疲れから後部座席に埋もれて眠ってしまった。目が覚めたときはすでにタブリーズの街のなかで、街路の灯が輝いていた。

絨毯バザール

　その日は、タブリーズのシーナというホ

ブルーモスクの外観。

ブルーモスクは幾多の災難にあったであろうことが偲ばれる。

ジャーメモスクへの人の出入りは多かった。

郵 便 は が き

お手数ながら切手をお貼り下さい

5 2 2 - 0 0 0 4

滋賀県彦根市鳥居本町655-1

サンライズ出版 行

〒

■ご住所

■お名前《ふりがな》 ■年齢 歳 男・女

■お電話 ■ご職業

■自費出版資料を 希望する ・ 希望しない

■図書目録の送付を 希望する ・ 希望しない

サンライズ出版では、お客様のご了解を得た上で、ご記入いただいた個人情報を、今後の出版企画の参考にさせていただくとともに、愛読者名簿に登録させていただいております。名簿は、当社の刊行物、企画、催しなどのご案内のために利用し、その他の目的では一切利用いたしません（上記業務の一部を外部に委託する場合があります）。

【個人情報の取り扱いおよび開示等に関するお問い合わせ先】
サンライズ出版 編集部　TEL.0749-22-0627

■愛読者名簿に登録してよろしいですか。 □はい □いいえ

ご記入がないものは「いいえ」として扱わせていただきます。

愛読者カード

ご購読ありがとうございました。今後の出版企画の参考にさせていただきますので、ぜひご意見をお聞かせください。なお、お答えいただきましたデータは出版企画の資料以外には使用いたしません。

●書名

●お買い求めの書店名（所在地）

●本書をお求めになった動機に○印をお付けください。

1．書店でみて　2．広告をみて（新聞・雑誌名　　　　　　　）
3．書評をみて（新聞・雑誌名　　　　　　　）
4．新刊案内をみて　5．当社ホームページをみて
6．その他（　　　　　　　）

●本書についてのご意見・ご感想

購入申込書　小社へ直接ご注文の際ご利用ください。
お買上 2,000 円以上は送料無料です。

書名　（　　　冊）

書名　（　　　冊）

書名　（　　　冊）

テルに宿泊した。午後八時十三分着であった。予定ではその日の夕方に絨毯バザールなどを見学する予定だったがこんな時間ではとても叶わず、ホテルでの夕食となった。羊肉のハンバーグとヨーグルト、そして村上さんとぼくは例によってノンアルコールビールをちびりとやった。Starというラベルのノンアルコールビールだった。しかし、これがイラン最後の夜だから、明日からは思いっきりビールが飲めるぞと思うと、なぜかウキウキした。

タブリーズは、シルクロードの要にある要衝の地である。かつて、チムール帝国が首都をおいた街としても知られている。東西交易のまさに中心地であり、いまも中央アジアからヨーロッパへ陸路で通り抜けるためには必ず立ち寄らざるをえない街である。こういう所は商人が集まり、大きなバザールができるのは必然であろう。昔から東西の取引の対象となったのは絨毯である。東からはペルシャ絨毯が、西からはトルコ絨毯がここで取引され、大きな絨毯バザールが形成された。ぼくたちが訪れる数年前に、タブリーズの文化遺産のいくつかが世

絨毯バザールの中心部。我々が訪れたときはあいにく休業日だった。

通りにはあちこちに露店があった。

タブリーズ市街を走る連結バス。

界遺産に登録されたが、その中心がタブリーズの絨毯バザールだ。

　ぼくはバザールの賑わいを自分の目で確かめたかった。しかし、悲しいかなこの日はあいにく休みとあって、バザールの中は閑散としていた。バザールの中心と思われるメインストリートは高い屋根で覆われ、両側には整然と商店が並んでいた。数店が外側から覗けるように灯りがついていたので、展示されている絨毯を見ることができた。草木模様のお馴染みのペルシャ絨毯があるのは予想通りだったが、絵画調の絨毯がかなり多かったのが意外だった。イスファハンの絨毯屋ではまったく見かけなかったデザインである。イランのなかの都市ではタブリーズが最もヨーロッパに近い位置にあるので、おそらくヨーロッパからのバイヤーの注文が多いからだろうというのがぼくの推測である。ヨーロッパにはタペストリー文化があるので、絵画のように絨毯を壁に飾るのではないだろうか。

　バザールのほかには、ブルーモスクとジャーメモスクを見学した。ブルーモスクは、イスタンブールのそれとはまったく姿

ある。

　ここまで私はイランの交通機関、特に車事情に触れることを、意識的に避けてきた。なぜならば、当時世界最悪といわれた中国の運転モラルと、イスファファンのそれが、瓜二つと感じたのだが、この最悪の運転モラルがイスファハン独特のもので、イラン全体の運転モラルを表しているとは、とても思えなかったからである。さて、イランの車事情を見てみると、レーザーさんの一九八七年式のベンツは別格としても、走っているのは古い古いルノーやシトロエンだった。核疑惑問題にともなう国際社会からの経済制裁の影響なのだ。レーザーさんの叔父さんのタクシー車は、運転席の座席シートの後部に武骨な鉄パイプが一本渡してある。なぜか。運転席の背もたれが破損していて、乗客用後部座席に背もたれが倒れこんでしまうのを鉄パイプで支えているのだ。都市ばかりでなく、車の修理屋（工場といえる規模ではない）は多かった。こんなところも中国と酷似していた。

　運転マナーや歩行者のマナーはどうかというと、まるで二〇〇三年～二〇〇七年ころの中国を見ているようだった。運転手は我先にと急ぎ、割りこみや追い抜きを繰り返し、けたたましくクラクションを鳴らすのだ。歩行者はそんな車の競り合いを横目に、我関せずとばかりに、どんな広い道路でも平気で横断していく。こんな姿が首都テヘランをはじめ、至るところで見られた。まぁ、これが発展途上国の共通の姿なのだと納得させられた。

　昭和三二年（一九五七年）ころのことだったと思う。当時はちょうど、日本の高度成長期の第一陣の時期で人々は活気にあふれていて、街中が賑やかだった記憶がある。私は大阪の東淀川区加島東の武田薬品の社宅に住んでおり、小学一年生のころから十三《じゅうそう》の神津小学校を卒業するまで、バス通学をしていた。当時、私が利用していた阪急バスには、バス停留所でのドアの開閉や、切符の販売と乗客の安全確保のために、車掌さんが乗っていた。この車掌さんは、たいていがうら若い十代後半～二十歳代の女性であったと記憶している。朝の通勤ラッシュ時の車掌さんの仕事は、きわめて過酷で、満員でバスのドアが閉まらなくなると、車掌さんがドアの代わりになってバスの乗降口をふさいで立ち、乗客をガードすることが常

かたちが違う。全体の形はこれまでにイラン各地で見たのと同様で、イーヴァーンとドームを備えている。壁面のタイルが青い色なのでブルーモスクと呼ばれるのだろうが、大きく異なっているのは、タイルがつぎはぎだらけなことだ。おそらく長い年月の間に戦乱や天災などでいくども破壊が繰り返されたのだろう。つぎはぎタイルはモスクを修復したあとが表現されているのだ。それはそれとして歴史を感じさせられ、なんとも神妙な気持ちにさせられた。

　ジャーメモスクは、イスファハンにもある。金曜のモスクである。絨毯バザールと建物的には繋がっていると思われた。特に大きなドームがあるわけではないが、入り口のイーヴァーンの両脇にそびえるミナレットがスマートで高い。内部には礼拝室がいくつもあり、重厚な柱やアーチ、ステンドグラス、床一面に敷きつめられた絨毯が特に印象的だった。天井はそれほど高くはないが、アーチと壁面のきめ細かいタイルが調和していて、とても美しいと感じた。きっとバザールに人がたくさん集まるときにはこのモスクにおいても大勢のムスリム

態化していた。ちょうどダンプカーの無謀運転が、批判されはじめたのも、このころのことだった。いま思うと社会全体に「安心・安全」の欠片《かけら》もない世相だった。何より経済的成長がすべてに最優先されていた時代だった。現在は国際社会の一員として、重要なポジションを占めるに至った日本にも、経済成長を最優先する時代があったのだ。

　イランも国情に合ったスピードで、車と人の共存や、他者への思いやりといった、より良き姿を見つけ、経済的成長・発展を目指して欲しいと切に思ってしまう。

千年もの歴史を誇るタブリーズのバザール見学へ

　バザールは、朝の八時を過ぎたばかりだというのに、大変な賑わいだった。幅四、五メートルほどの通路に、人と荷を運ぶ人力台車がひしめき合っている。しかもその通路たるや、延々と果てしなく続くのだった。通路の両サイドには、食料品や香辛料から日用品・雑貨・衣料にいたるまで、ここで揃わないものはないと思われるほど、何でもあるようなしつらえだ。特に私が気に入ったのは、バザールの各店に吊り下げられた裸電球の灯だった。その灯は私が小学校低学年のころの、縁日の夜店の灯に似て、とても懐かしい気がした。おそらく、そのころの灯はアセチレンを燃焼させていたもので、独特の臭気が充満していた。バザールではアセチレン臭はしなかったので、単なる裸電球だと思うのだが、なんともノスタルジックな雰囲気を醸していた。…と同時に、私はここで大変な苦労を強いられていたのだった。通路を行き交う人の群れは、おしなべて、黒またはグレーの無彩色の服装であった。私は山﨑さんやレーザーさんを見失うわけにはいかないのだ。生まれつき方向音痴の私は、二人からはぐれてしまうと、この広大なタブリーズのバザールから、一生抜けだせないのではないかとの、強迫観念にとらわれてしまう。二人は地味なモノトーンの服装だが、私は真っ赤なウインドブレーカーを着ることで、二人に自分の存在をアピールしているつもりだった。ところが彼らはさっさと私の前を行くので、真っ赤なウインドブレーカーは、何の効果を発揮す

がメッカを向いて祈りを捧げるのだろう。

　タブリーズの街中を歩いてみて、人が多いことにいまさらながらおどろいた。

　観光客が目立つわけではない。忙しそうに歩いている人を見ると、きっと市民が買い物や仕事で行き交っているに違いない。道路は広く片側三車線くらいあるが、中央にレーンがあり、そこを二連結したバスが頻繁に行き来していた。バスは特別のレーンなので車に妨げられることもない。都市交通機関としては便利だろうなと感じた。東京などしょっちゅう渋滞する都市でこれが採用されると、通勤などで焦ることはないのにとしばし感心しながら眺めていた。これもおそらくタブリーズがヨーロッパに近いから導入された交通機関じゃないだろうか。渋滞が日常となっているテヘランやイスファハン、シーラーズにはない発想かもしれない。


ることもなく、周囲に異彩を放ち、ただただ好奇の視線を感じながら、私は彼らの後方をついて歩くことで精一杯であった。アセチレン灯に似た懐かしい夜店の灯を、カメラに収めることがほとんどできなかったのは、きわめて残念なことだった。

　バザールの一角に「絨毯バザール」があった。日用品のバザールほど賑やかではないが、それでも行き交う人の姿は多く、商談をしているのであろうか、各ブースからは大きな声が響いていた。

　この絨毯バザールの作品の店頭には、マヒ柄（ロゼット紋様と葉紋様）・ベナン柄といった、タブリーズのオーソドックスな紋様の他に、ピクチャーと呼ばれる絵画をデザインした絨毯も豊富にあり、ウインドーショッピングをするだけで、異国情緒を満喫できるのだった。

　このピクチャー絨毯を買っても、日本風家屋にはマッチングしそうにないなぁと感じた。それでも欲しいと思えるような作品に出会ったならば、まずはそのピクチャーを買って、部屋をフローリング化して敷き、壁や家具などをその絨毯に合わせるように買い替える必要があるなぁ…と、思いを巡らせていると、突然二本の角を突き出した家内の顔が思いだされたので、私のピクチャーを巡る思考は大あわてで停止せざるを得なかった。

　事ほど左様にタブリーズのバザールはその規模・繁盛具合・迷路具合（？）それに空想力までかき立ててくれる…。どれをとってみても、さすが「タブリーズのバザールは世界一」といわれる所以ではある。

　このあとブルーモスク、ジャーメモスクを見て、いざ国境の街バザルガンへ！

あこがれのアララト山を見て国境越え

古来より数多《あまた》の商人や戦士が通過したと思われる、イラン・トルコ国境。そこは想像をはるかに超える修羅場、戦場だった。大きな荷物を抱え、なりふりをかまわず押し合いへし合う無頼の人びとが集まっていた。

アララト山と国境越え

今回のイラン・トルコ旅行のクライマックスは「国境を陸路で越える」ということである。

EU加盟国同士の国境越えは簡単である。ぼくは二〇〇七年にフランスとスペインの国境を二度越えている。簡単も何も、なんのプレッシャーも感じることがなくあっという間に通り過ぎた。国境線さえ注意して見ていないとわからないくらいだった。検問所もないので、パスポートを提示する機会さえなかった。それはそれで、感動したのだが。

しかし、このイラン・トルコ国境は、両国の管理事務所がありパスポートチェックがあるはずである。できるだけスムーズに通過して、その日のうちにヴァンまで行くという計画を持っていた。イラン国境まではレーザーさんが送ってくれるが、トルコに入ってからヴァンまでは明確なスケジュールと移動手段を持っているわけでは

経済制裁の影響を体験

途中マークーの街を通る。このマークーという街は、海抜千六百三十四メートルにある細長い街だが、背後に高さ二百メートルにも及ぶ断崖絶壁が迫っている。そんな断崖絶壁に圧倒され、張り倒されるような自然の圧力を、数キロメートルにわたって感じながらベンツは進む。

ようやく国境の街バザルガンだ。バザルガンでは出国審査を受けなければならないが、日没までそんなに時間の余裕はない。出国審査業務をクローズされてしまったら、今後の予定が大きく狂うとは、山﨑さんの脳裏にあった心配事だが、そんな心配は彼に任せて、私は私で別の疑問と対峙していた。レーザーさんが別れ際にいっていた、出国審査場にはスリが出没するから気をつけろと…?

しかしこの疑問はすぐに解けた。出国審査場に集まる人たちの大半がイラン人だった。おそらくトルコ側に買い出しにでかける人た

なかった。越えたらおそらくバスがあるだろうから、それで近くの町ドウバヤズットまで行き、すぐさまヴァン行きのバスに乗ってその日の夜までにヴァンに着き、ホテルをさがすというのがぼくのアバウトな計画だった。

なぜ陸路越境に拘ったかというと、それはアララトのためである。アララト山をこの目で見るんだという強い目標があった。飛行機の窓からアララト山を見下ろすことができる航路があるかもしれないが、そんなルートをさがすのは面倒だし、ましてやとんでもない所を経由しなければならないとしたら、時間と経費の無駄遣いである。山は、登ることに意義があるのかもしれないが、地上から頂を見上げてこその「山」なんだろうと思う。アララト山は、イラン・トルコ国境のすぐ近くのトルコ領にある。国境越えは必須である。

タブリーズを国境目指して出発したのは午前一〇時であった。二時間もすれば国境の管理事務所に着くに違いない、そう思った。しかし予想に反して国境は遠かった。地図で見るとタブリーズのすぐ近くに国境の町バザルガンがあるのに、実際は数百キロ離れているのだろう。

変化が現れたのは、どこまでもまっすぐな道の前方の山脈の稜線上に、うっすらと白い山の容《かたち》が現れ、その白が刻一刻と白さを増していったときである。ぼくはやや興奮してレーザーさんに「あの山がアララト山ではないか」と確かめた。彼は運転しながら軽く頷《うなず》いた。アララトは、イランからもくっきりと見えるのだ。その日は快晴だったせいもあるが、両翼に広がる山脈の連山とは際立って突出した、雪を冠った山が明らかに確認できる。また数キロ進むと、今

ちなのだろう。つまりここに集まるイラン人は、小金を持っていると推察される（ひょっとすると大金持ちもいるかも知れないが…）。

さらにスリたちを狂喜乱舞させる状況が、目の前で展開されていた。日本でなら二、三列で整然と並んで待つはずなのだが、ここではまったく違った光景が展開されていた。二つの審査窓口があるようで、大きな人間ダンゴ集団が二つできていた。この人間ダンゴ集団は、奥にある出国審査の窓口を要《かなめ》として後方に扇状に広がっていた。まったく節操というものがない。大半を占めるイラン人が、我先にと横入りするべく鬩ぎ合っている過程でできた、言ってみれば「現在のイラン人のモラル」そのものを表現した結果なのだった。列を乱す悪の権化は若い男たちだ。この男たちときたら、後から来て先に並んでいるチャドル姿の女性たちの前に次々と横入りしたがるので、女性たちは一向に前進しない（男尊女卑の発想が根づいた結果で、日本では考えられない光景だった）。十分経過しようが二十分経過しようが、女性たちは一歩たりとも前に進まない。腹立たしいことに、女性たちの後方に並んでいる私たちも、同様に、ぴくりとも前進しないのだった。なかには割りこみをする男を激しく非難する旅行者（イタリア人のようだった）もいた。もっとおどろいたのは、出国審査官も横入りがわかっているのか、業務を中断して非難の罵《ののし》り合いに参戦する場面があったことである。しかし、いずれ劣らぬ厚顔無恥なイランの男たちは、多勢を利して横入りの鬩ぎ合いを諦めることはなかった。私たちは、人間ダンゴ集団の後方に並んでしまったことを、我が身の不幸と諦めざるを得なかった。小金持ちのイラン人たちが、こぞって鬩ぎ合っている人間ダンゴ集団は、スリ

度は連山のなかで白峰の右に三角錐の山が見えてきた。これが小アララトにちがいない。大アララトの標高は五千百三十七メートル、小アララトは三千八百九十六メートルである。富士山よりも高い。時期は一一月初めだったが、小アララトに冠雪はなかった。

国境に近づくにつれ、二つのアララトは徐々に大きくなり、ぼくの興奮は増すばかりだった。

アララトは、旧約聖書の創世記のなかで、ノアの方舟《はこぶね》が漂着した山として知られている。聖書に登場する山としては、モーゼのシナイ山と並んで印象的である。ぼくはクリスチャンではないが、アララトがどんな山だろうかと長い間想像をかき立てられていた。神秘的で神々しいに違いないとも思った。聖書はキリスト教徒であるなしを問わず世界中の人々に読まれているのに、意外とアララトのイメージがはっきりと伝わってこなかった。写真資料も多くはない。トルコ政府はこの山が国境近くにあることを理由に入山を規制している。しかもトルコ国土内の位置では東アナトリアの最果てにあり、観光で訪れるにはあまりにもハードルが高い。さらに加えて旅行案内などには、アララトの頂は常に雲に覆われ全容を現すことは稀であるなどと記述してある。ぼくは国境越えのルートを策定したときもアララトを見ることが出来る確率は低いだろうと考えていた。それでも今回の旅を逃せば、次のチャンスはないだろうと思い、運を天に任せることにした。

それがもうばっちり、ドンピシャ、雲一つない空を背景に白い峰を雄々しく見せてくれたのである。ぼくは自分の幸運を実感し、天を仰いで感謝し、ひれ伏したい心境だった。

にとっては、恰好《かっこう》の稼ぎ場なのだろう。そんなとき、山﨑さんがそのスリを見たというのだが、本当なのだろうか？　彼のことだから、退屈凌ぎの余興話だったのかもしれない。

じりじりしながら待つこと一時間四十五分。ようやく私たちの出国審査の順番が回ってきた。ここで審査が遅々として進まぬ理由がわかった。パスポートのデータを読みこみ表示するコンピューターの処理速度が、おそろしく遅いのだ。こいつが審査遅延の二番目の犯人だ。もっと処理速度の速いコンピューターを使ってくれと叫びたいのだが、知らず知らずのうちに、イランが国際社会から受けている経済制裁の影響を、審査遅延という形で私たちも受けていたということなのだろう。

やっとのことでイランの出国審査を終えると、今度はトルコ共和国への入国審査だ。

またもや、人間ダンゴ集団の鬩ぎ合いが繰り返されるかと思うと、いささかうんざりした気分になったが、不思議なことにトルコ側では整然とまではいえないが、イランの男たちは曲がりなりにも列を作り、順番を待っていた。イラン人たちは、なにゆえ人間ダンゴ集団を作ることをせず、不慣れな列に並んだのか？　私の推測はこうだ。イランは、第四代カリフ（預言者の代理）のアリーの子孫が、預言者の代理たる資格をもつと決めたシーア派の国だ。一方のトルコは、ムハンマドが最後で唯一の預言者なのだから、カリフを決めるのに血筋などは関係がないと主張するスンナ派の国である。イランの男たちは、スンナ派の国に入国するに際して、ある種の怯えを感じとって、大人しく振舞ったのだろうか。宗派は違えども、両国

レーザーさんが愛車メルセデスをフルスピードで走らせ、途中のマークーを通過したときはとっくに昼を過ぎていた。

マークーは通過しただけであったが、風景が特異だった。幹線道路沿いに建物や民家が並んでいるのだが、その背後には高い崖が聳《そび》えている。崖といってもそこには草木はまったくなく、まるで断層でできたような、同じ高さの崖が数キロは連なっていた。殺伐とした風景ながら、荒涼とした砂漠の中の道路を進んできたぼくの目には、久々に見た町並みは新鮮に映った。

マークーを通りぬけている間は高い崖に遮られてアララトは見えなかったが、街を出るとまた緩やかな山の稜線の上に白い峰と三角の山が見え次第に大きくなっていった。もっと近くへ、もっと麓からと気持ちが逸るうちに、国境の町バザルガンに着いた。

大混乱のイラン国境

陸路の国境越えは村上さんも初めての経験である。街に入ったとき、ぼくは村上さんに伝えた。国境近くでは、どんなことが起きても不思議ではない。特にわれわれ外国人はパスポートを持っているからといって安全が保障されているわけではないし、何かを理由に拘束されるかもしれない。特に写真を撮るのは危険だから、カメラはリュックサックの中にしまっておきましょうと伝えた。ぼくも国境越えは初めてだったが、ひとりで外国を旅していると、いろいろな機会に、リスクのあるエリアはどこか、なんとなく察知できるものである。そんな場所で日本の常識を振りかざして抗ったところで

マークーの町並みと背後に迫る崖。偉容な風景が前後にわたって数キロ続く。

国境に向かう車の前方に雄々しく現れたアララト山。

刻一刻と変わるアララトの姿。

国境まで送ってくれたレーザーさん父子。

イラン国境に近いマークーを過ぎた辺りから見える大アララト（左）と小アララト。

なんの得にもならないし、身の危険が増すばかりだということはわかっていた。目の前で機関銃を突き立てられる恐怖は、おそらく団体ツアーを利用している人にはあまり経験がないだろう。そんなわけで村上さんには慎重な行動を促した。

イラン国境の入出国管理事務所に着いたのは午後三時だった。タブリーズから実に五時間もかかったことになる。この上は一刻も早く国境を通過し、ドウバヤズットまで行かねばならなかった。ぼくたちは、ここまでガイドをして送ってくれたレーザーさん父子にお別れの挨拶をし、国境を越えようとする大勢の人の列に並んだ。

パスポートコントロールの前は、空港のそれとは違う異様な雰囲気だった。観光客は少なく、一見して普通の庶民、労働者、雑多な人々が二つの列を作っていた。ところが列は一向に前に進まず事務所の中はますます混雑するばかりだった。

ぼくは背にはリュック、腰にはウェストポーチを巻いていたが、前後から人が密着しはじめたので、村上さんに荷物に気をつけるよう促していた。周りを見渡すとどうも怪しげな人物がいる。ぼくは、列に並んだ男がブルゾンジャケットを着た前の人物のポケットに手を突っこみ、何かをつかんで自分のポケットに入れるのを目撃した。スリがいると確信した。しかし、そんなところで正義漢面してその男を告発したところでどうなるかわかったものじゃない。怪しげな男はそいつだけではなく列のあちこちにいるように見えた。とにかく自分の身を守ることが先決だ。ぼくと村上さんは荷物をしっかかと確保して身構えるのだった。

外国人観光客と思しき人はぼくたちが並んだ列の前にも数人いた。民ともクルアーン・スンナ・イジュマー・キアースの四法源を主とするイスラム法を規範として、日常生活を過ごしていることに変わりはないはずなので、この推定は当てはまらないだろう。

そんなことを考えているうちに、入国審査はあっという間にすんで、トルコ国境の街ギュルブラックに足を踏み入れることができた。経済制裁を受けていないトルコだから、こんな辺鄙な国境の街でも、処理速度の速いコンピューターが導入されていたのだ。国際社会による経済制裁の影響を、このような形で実感させられるとは考えてもいなかったので、思わずのけぞってしまった。無法なふるまいのイランの男たちは、トルコへの入国はおそらく初めてではあるまい。何度となくこの入国審査場を訪れ、ここでは押し合いへし合いのダンゴ虫集団を作って額に大汗をかくより、列に並んだ方が短時間に入国できると、経験的に学んだのだろう。

夕闇に雄姿を誇示するアララト山

国境の街ギュルブラックに宵のとばりが下りようとしていた。ギュルブラックには出入国管理事務所があるだけでホテルはないのだ。ホテルがあるのは、ドウバヤズットという街で、ギュルブラックからはドルムシュという乗り合いバスしか移動手段がない。

入国審査を終えた私たち二人は、クソ重いパックを担ぎ、ドルムシュの姿がかすかに確認できるバス停まで、目算で約五百メートルほどの距離を、ヒィ〜ヒィ〜ハァ〜ハァ〜とあえぎながら、イランの出国審査場で温存しておいたエネルギーを爆発させて、走った!

穏やかそうな顔つきの老夫婦が忍耐づよく一向に進まない列にいたが、そこにいかにも地元のマフィアのような男が数人の取り巻きを連れて現れ、その老夫婦の前に割りこんだのである。白いコートを肩に羽織った男は威圧するように老男性に向き合い有無を言わせぬように、割りこむが構わないだろというそぶりをした。そして今度は何の権限もないのに男性が持っていたパスポートを取りあげぺらぺらとめくり、フンとせせら笑いながら返した。ぼくはそのパスポートを見て、男性がイタリア人だということが分かった。イタリア人はマフィアへの処し方を知っているかのように、ただおとなしく列に並び続けた。

そうこうするうちに列が少しずつ動き始めたが、出国審査の行われる窓口前の狭い通路に人が密集している。だれもが割りこみを恐れ、前へ前へと押し合っているのだ。我々の列が動き始めたと見るや、もう一方の列から割りこもうとする輩が現れて、前の方はまるでおしくら饅頭である。ぼくたちもようやく審査官が見えるところまでたどり着いたときに、ぼくの前に割りこんだヤツがいた。ここまで来て何でこうなるのと思ったとき、審査官はそいつの割りこみを見逃さず、自分の列に戻れと指図し、ぼくたちはようやくパスポートを差し出すことができたのである。

ここまで来て、なぜ列が進まないかがわかった。審査官はパスポートを受け取り、それをスキャナーのような機械にかざし、どこかからの返信を待っていたのだ。自身でパスポートを見て判断をして通すということをやっていなかった。ぼくのパスポートでさえ返信が来るのに数分はかかっていた。なんて七面倒くさいことをやってい

走った。ドルムシュの出発時刻を知らない私たちは、とにかく走ってドルムシュに乗りこみ、発車を待つしかなかったのだ。幸いなことに乗りこんだときには、乗客はまだ四人ほどしかいなかった。

気がつけば、夕闇が迫った窓の外には、大アララト山（標高五千百三十七メートル）が、その雄姿を誇示していた。そんなアララトの雄姿にカメラを向けると、乗客たちは、「どうだ！ 俺たちの自慢のアララトは凄いだろう！」と、一様に自慢気な表情をしてニヤリと笑いを返してくるのだった。しばらくすると、私たちが追い越してきた人々が、続々とドルムシュに乗りこみだした。乗りこんでくるのが男ばかりだったのはとても不思議なことだったし、男たちの服装からしてイラン人には見えず、全員がトルコ人のようだった。おそらく国境管理事務所で働く職員か、下働きのワーカーたちだろうと思われた。イランの男たちやチャドル姿の女性たちは、トルコ日用品買いだしツアーで、チャーターしたバスにでも乗りこんだのだろうか。イランの出国審査場で、あれだけの喧騒を演じたイラン人たちが、ドウバヤズット行のドルムシュ乗り場に、だれ一人として姿を見せなかったことは、じつに謎めいたことであった。

イラン・トルコの国境を無事に越えることができたが、イランについて、もう少し書いておかねばならぬことがある。それはイランという国を道路という切り口で見てみることだ。私たちはテヘランからイスファハン、シーラーズへの移動には飛行機を利用した。それぞれ約一時間三十分ほどのフライトだった。しかし、レーザーさんにいわせると、近年主要道路網が整備されつつあり、近い将来テヘラン〜イスファハンは、車で三時間程度で行けるようになるとい

るのかと思ったものである。

ようやくイラン国境を越えて建物の外へ出たら、柵で囲った出口があり、その数十メートル先にトルコ国境管理事務所の入り口があった。トルコ側ではちらっと見ただけでポンとスタンプを押し、入国させてくれた。一分もかかっていないだろう。

不思議なことに、イラン、トルコのどちらの国境でも荷物を検査されることはなかった。こんなところに、怪しい輩が詰めかける理由があるのかもしれない。

トルコ側に入り、ドルムシュという小型バスに乗りこんだときは午後四時半であった。通過に一時間半もかかった。より大きく見えていたアララト山は、頂上付近だけが夕日を受けて赤く染まっていた。

頂上に夕日を受けて染まる大アララト。

う。車の方が安上がりだから、今度来るときは車移動にしろというのだ。今回イスファハンとシーラーズのガイドは、レーザーさんには頼まなかった。このことに対する牽制球《けんせいきゅう》と、次回の訪問に期待してのことだろう。

テヘラン〜タブリーズまでの主要道路はすばらしく整備されていた。アラムートへの辺鄙な山岳道路でさえ、アスファルトの道が果てしなく続いていた。道路網整備に関しては、国際社会からの経済制裁に対応する有効な解決手段を持たぬがゆえの、国民の不満吸収策のひとつなのではないかとも受け取れそうだ。しかも、経済制裁さえ解除されれば、道路網整備はイランの観光立国としての基盤整備にも繋がると考えるのは、いささか深読みのしすぎか。

ガソリン価格は一車両につき六十リットル／月まで約十円／リットル、六十リットル超は約三十円／リットル程度とのことで、所得格差を考えても、ずいぶん安い気がした。

ビールとバスタブ騒動ドウバヤズット

国境を越えれば酒にありつけるというささやかな希望に暗雲がたちこめる。政教分離を政策の基本にすえていたはずのトルコ政府だが、エルドアン政権になってイスラム法重視に変わったことを思い知らされた。

まずはビールで国境越えを祝福

トルコに入国したのは、二〇一〇年一一月三日午後四時半であった。イラン入国から一週間が経っていた。国境越えをついに果たしたという達成感があったのと、さてこれから無事にイスタンブールにたどり着くには、どんな試練が待ち構えているだろうかという新たな不安が頭をよぎった。

国境を越えたときはすでに夕方で、その日はドウバヤズットに宿を見つけることが先決だった。ドルムシュ（小型バス）の中で『地球の歩き方トルコ編』を繙《ひもと》き、取りあえずホテルの見当をつけてから、街の中心部に降りてすぐにタクシーを捕まえ、「アララト・ホテル」と行く先を告げた。

ホテルは、タクシーに乗ったところからわずかの距離しか離れていなかった。しかし何はともあれ宿泊場所を確保することが必要だ。フロントは入り口から入って階段を上った二階にあった。カウン

新聞紙の筒で乾杯

ドルムシュに揺られること二十五分ほどで、ドウバヤズットの三つ星ホテル、アララト・ホテルに到着した。チェックインを済ませると、食事のために、いや本心をいえば、ビールを求めて街中に繰りだした。先ほどまで滞在していたイランは正真正銘の禁酒国だが、イランとのボーダー（国境）に近いドウバヤズットも、飲酒にはとても厳格な地域のようだった。ロカンタ（軽食店）で、ビールを注文しても「ない！」の一点張りだ。業を煮やして山﨑さんが、他の店に行くよと言うと、店のあるじは、通り側の席についた我々を、しぶしぶ店の奥の席に案内した。しばらくして、店のあるじが新聞紙の筒を二本持ってきて、苦虫を噛みつぶしたような顔でテーブルに置くと、早々に奥に引っこんでしまった。イスラム教徒が九十パーセント以上を占めるトルコでは、政教分離政策をとっているため、大都市部などでは割と飲酒には寛容で、自由な雰囲気があるのだが、

ターに人影はなく、フロアーは薄暗い。しかし入り口は開いているのだから、営業はしているはずとしばらく待っていると、ラフな格好の若者が現れた。そこでようやく交渉をして四階のツインルームを確保できた。二人で九十トルコリラであった。少々高いと思ったが、宿が見つかったのだからよしとした。部屋はお世辞にもよいとは思えなかった。エアコンが効いていず寒かった。おまけにバスに湯を張ろうとしたが、水しか出てこなかった。こんな部屋にいるより街で夕食をとろうということになり、すぐに外出した。

ホテルから徒歩で十分くらいの距離にある商店街のロカンタに、ぼくたちは勇んでとびこんだ。久しぶりにヨーロッパ風のピザのディスプレイを見て、迷わずとびこみ、入り口近くのテーブルに座った。ぼくも村上さんも狙いはビールである。禁酒の国イランからトルコに着いたのである。のどがビールを欲して渇ききっていた。何はともあれ「ビラ、プリーズ」と店員に注文した。店員は困った表情をしてメニューのソフトドリンクを示し、これから選べという。メニューのどこにも、ビールはない。そんなはずはないだろうと思い、重ねて「我々はビールが飲みたいのだ。この店にないなら他の店に行くよ」と言うと、店員は「オッケー、ちょっと待て。席を移ってくれ」と言って、我々を奥の方のテーブルに案内した。しばらく待っていると先ほどの店員が戻ってきて、テーブルの上に置いたのは、新聞紙を巻いた二本のエフェス缶ビールだった。店員は新聞紙を取らないでこのまま飲めというそぶりをした。ぼくと村上さんはそのときようやく事情がのみこめた。その店は、普段はトルコ人相手のピザレストランで、アルコールを出したことがトルコ人に知れ

ここ東部アナトリア地方のように、飲酒に対して厳格な態度をとっている地域では、通行人から見えるところでの酒類の提供は、店側としてはどうしても避けたかったのだろうと思われた。店のあるじの苦虫を噛みつぶしたような表情が、彼の心情のすべてを物語っていた。新聞紙の筒の中身は、エフェスビール（トルコビールの代表的銘柄）のロング缶だった。私は十九歳で初めてアルコールを口にし、そのとき以来四十二年間にわたって飲酒を続けてきた。むろん手術入院したときは、不可避的に禁酒を余儀なくされたが…。イランでの一週間の禁酒は、入院以外で体験した、初めての記念すべき禁酒であった。だから禁酒明けの感動はいまだに忘れられない。不覚にも、新聞紙越しのエフェスビールロング缶の感触に指先が震え、唇がわなないたような気がしたのは、とても気恥ずかしいことだった。山﨑さんも、込み上げる感慨をぐっとこらえているのだろう。彼の平静を装ったその態度に、待ちわびた一週間の心的葛藤が見て取れた。そんな彼の様子を見て、男なんて単純なものだと思ったりもしたが、冷めた思いとは裏腹に、エフェスビールを持つ手が妙に震えたりするものだから、感情と表情の二面性を悟られるのが嫌で、何も言わずにいた。

この日飲んだエフェスビールの味については、手帳にメモが一切残されていなかっただけでなく、思い出すことができなかった。私の大脳皮質の側頭葉にある味覚野が、働くことを拒否したのだろうか。それとも味覚野は正常だったが、同じ側頭葉にある海馬が、新しい記憶の整理を怠ったのか。いずれにせよ、エフェスビールの味の記憶がないというのは、じつに残念なことだったし、不思議なこ

ると体裁が悪くなるに違いない。そのため、席も通りからは見えにくい奥の席に移らせたのだ。外国人のわがままに抗いきれず、どこかからビールを調達してくれた店員に感謝しながら、ぼくたちは無事の国境越えをエフェスビールで祝った。

しかし、このときのビールトラブルは序の口で、ぼくは久しぶりのトルコ旅行で、エルドアン政権のイスラム倫理による支配が格段に強まっていることを次第に実感することになった。

間一髪セーフ

ホテルに戻ったぼくたちは、久しぶりのビールの酔いも手伝って、ベッドに身を投げるやすぐに眠りこんでしまった。ドアを激しく叩く音で目が覚めたのは夜十時ごろだったろうか。何ごとかとドアを開けるとそこにはホテルの支配人らしき男が立っていた。われわれの部屋のバスルームを見せろという。ぼくは眠い目をこすりながら男の肩越しにバスルームを覗くと特に異常はなかった。支配人らしき男は、「この部屋の下の階の客から天井から水が漏れているという連絡があったので、点検に来た。申し訳ない」と言って部屋を出ていった。ぼくは支配人を送り出した後、安堵の胸をなで下ろした。実は外出から戻った後に、風呂に入ろうとして水をバスタブに貯めていたが、一向に温かくならないのでそのまま水を出し続け、あとで水温を確かめるつもりでベッドに倒れこんで寝てしまったのだ。そしてハッと気がつきベッドから飛び起きてバスルームを見に行ったら、水はバスタブから溢れていた。ぼくは蛇口を締めて、あらた

とでもあった。さて、彼はこの日の体験を、どんな文章に残すのだろうか、興味津々である。

海外旅行保険に、「賠償責任保障特約」が存在する意味

アララト・ホテルに帰ってツインのベッドに横になると、さっそく睡魔が襲ってきた。山﨑さんはバスタブにお湯を張り入れ、先に入るつもりだったみたいだ。私に異存はなく、ベッドでうつらうつらとまどろんで、至福のときを過ごしていた。とつぜん、山﨑さんがベッドからガバッと飛び起き、バスルームに駆けこんでいった。しばらくして、安堵の表情を浮かべながら戻ってきて、間に合ってよかった…と、独り言をいっていたのを、辛うじて覚えているが、私はまたそのまま眠ってしまった。

どれくらいの時間がたったのだろうか、激しくドアをノックし、大声で吠える男の声で起こされた。山﨑さんが応対にでた。二人の男たちがバスルームに入っていって、何やら喋っていたが、彼らの期待した事象を発見することはできなかったらしく、意気消沈の態で引き上げていった。私にはいったい何が起こったのか、あの二人の男たちは何者だったのか、さっぱりわからなかった。山﨑さんが、理解の範疇で解説をしてくれた。私たちの部屋は三階だったが、二階の客室で水漏れ事故が発生したらしく、そこでレセプションにいた男たちが、私たちの部屋のバスタブからの漏水ではないかと疑い、確認にきたということのようだった。少し時間を巻き戻すと、バスタブを使った山﨑さんは、すぐに私がバスタブを使うだろうと思っ

めてベッドで寝こんだ。支配人がバスルームを見たときにバスタブに水はあったが、すり切りではなく水位は十センチ以上下がっていた。

爆睡から目覚めた村上さんに経緯と事情を話すと、危機一髪だったねと慰めてくれた。もし修理代を請求されていたらと思うとぞっとする。

聖書の山が見下ろす町

翌朝も天候は快晴だった。ぼくは真っ先に廊下に出て北側の窓を開けた。そこには想像していた通りの雄大なアララト山が見えていた。雪をいただいた頂上から緩やかなカーブを描く稜線が麓までくっきりと見えていた。陳腐な言葉では表現できないような感動が胸の奥底から湧き上がってくる。ああ、これがアララト山、聖書の山、ノアの方舟が漂着した山、富士山に似て富士山よりも高い山、日本人でこの山を見た人はこれまでにどれだけいたのだろう。きっとそれほど多くはいないだろう。ぼくがいまそのひとりになった、という感激がまたもや湧いてくるのだった。

旧約聖書はユダヤ人が自らの民族の出自を記録した歴史書である。その内容には記録としては疑問視されるものもあるが、考古学上裏付けが取れている事柄もあり、貴重な歴史資料として研究もされている。創世記のノアの方舟のくだりは長い間誇張された伝説という見方が支配的だったが、古代バビロニアのギルガメッシュ叙事詩のなかに大洪水があったことを示す記述が見つかったことで、にわかて、お湯の入れ替えをして、そのまま眠ってしまったらしい。私はそんなこととは露知らず、ノンレム睡眠の真っ最中だった。山﨑さんは、私の鼾《いびき》でかそれとも秘めたる野生の嗅覚でか、とつぜんお湯を入れていることを思いだし、お湯を止めに走ったとのことだった。バスタブから溢れでるお湯を見た彼は、蛇口を締め、間に合ってよかったと、独り言をいった…に繋がっていたのだ。山﨑さんの推定では、止めてから男たちが来るまで、七〜八分くらいの出来事だったはずだということだった。

もし階下の客室の漏水の原因が、私たちの仕業だと特定されていたならば、いったい幾らぐらいの修理代を請求されていただろうか。東部アナトリア地方という地域性から、復旧期間や、修理・賠償額を推定することは困難なことだと思われた。

私が海外旅行に出掛ける際に、家内は、一億円の保険に入りさえすれば、好きな国に好きな期間行っていらっしゃいといって、私を送り出してくれるのだが、この体験以降、海外旅行に出掛ける際は、必ず賠償責任保障特約を付加することを義務付けられたのは、いうまでもないことだ。

ふたつのアララト山を満喫

一一月四日　ドウバヤズットからヴァンを経由してディヤルバクルまでの大移動の日だ。ホテルの窓から大アララト山が雄大な姿を見せている。本日快晴。いい旅になりそうな予感がする。ヴァン行のドルムシュ停車場まで、ゆっくりと歩く。異邦人が珍しいのだろ

性豪を自慢した男性と意気投合する村上。

ホテルの窓から見た大小アララト山とドウバヤズットの町並み。

ドウバヤズットの中心部には、ドルムシュがあふれていた。

に方舟伝説が注目されるようになった。そして、アララト山の衛星写真を調査してみると、その山腹に船のような形の跡が見えることからアララト山が調査されることもあったという。

ぼくはこの旅行で、イランのタブリーズを通ってアララト山のふもとまでたどりついた。前に、ユダヤ教はゾロアスター教から派生したという説を唱える学者もいると書いた。その説に基づくなら、ユダヤ人の祖先はイラン高原にあり、そこから現在のパレスティナまで移動を重ねてきたと考えられる。その移動の途中で否が応でも目にすることになるのは、神々しい、雪を冠ったアララト山であっただろう。ユダヤ人の出自に重ねてアララト山を子孫に言い伝えていてもまったく不思議ではないようにぼくには思えるのだった。

アララト山を背にしながら、ぼくたちは朝の九時ごろにヴァンに向けて出発した。ヴァンへは国境から乗ったのと同じようなドルムシュで向かうことになった。

ドウバヤズットとヴァンは、地図上ではすごく近いように見えたが、細い山道をくねくねと曲がりながら走るので、思ったよりも遠かった。東アナトリアの幹線道路はおそらくエルズルムの方に通じているのだろう。しかし細い山道ながらも、時折見える羊の放牧場などを横目にドルムシュはひたすらくねくねと走るのだった。

うか、それとも私の真っ赤なウインドブレーカーのせいなのか、イランほどではないが、結構声をかけられる。

アララト山を撮影していたら、爺さんが近づいてきて、俺ん家から見えるアララト山は凄いぞ、ぜひ見に来いというので、のこのこついていった。ちょっと湿気臭い三階の部屋に案内された。確かにその部屋の窓の先にはアララト山があった。窓が少々小さ目だったので、滋賀県の我が家の寝室から見える伊吹山でも、いい勝負ができそうな程度のロケーションだった。伊吹山も、大アララト山と同等に扱われて、さぞかし満足していることだろう。この湿気臭い部屋には、六名の女性の写真が、節操なく飾ってあった。この美しい女性たちは爺さんの娘たちかと聞くと、この爺さんニヤリと笑って、アルメニア（トルコの隣国）に囲っている妾たちだと言い放ったのには正直おどろいた。この爺さん、なかなかやるなぁと感心したと同時に、山﨑さんが結構羨ましそうな顔をしたのを、私は見逃さなかった。

湖とカレ（城砦）の町ヴァン

大地震に襲われる一年前のヴァンは平和で美しい町だった。湖の表面は鏡のように静かで、小魚の群れが水面に顔を出すときだけわずかなさざなみが立った。

ヴァン

ドルムシュがヴァンの街に入ったのはちょうど昼ごろだった。ヴァンの街は雑然としていた。われわれのドルムシュはどこからみても公的なターミナルとは思えない駐車場に入って乗客を降ろした。「ここはいったいどこ?」という感じであった。山の斜面を切り開いたような台地にさまざまな車が無秩序に駐車している。ぼくは近くにいた人にこれからディヤルバクル行きのバスに乗りたいというと、オトガル（バスターミナル）はここから数キロ先だという。取りあえずぼくたちはリュックを背負い、タクシーが捕まえられそうな道路に出るた

遥かなアルメニア・チャーチ

ヴァン行のドルムシュは、全席指定席のはずだがシート番号の表示がない。観察していると女性と男性は、けっして横並びで同じシートには座らせないようだった。女性は女性同士になるように配慮している様子だった。一時間ほども走ったとき、雄大な大アララト山の横に小アララト山（小とはいえ、標高三千八百九十六メートルで富士山より高いのだ）が現れた。大と小のアララト山が一対となって、私たち二人に微笑んでくれる。ロケーションハンティングなどする必要がない絶景であったが、如何せんバスの窓ガラス越しの撮影となったのは残念至極だった。

ヴァン湖まで約二百キロメートル、所要時間約三時間のドルムシュでの移動が終わった。次は別のオトビュス（長距離バス）で本日の最終目的地ディヤルバクルまでの大移動が待っている。ディヤルバクル行きオトビュスの待ち時間を利用し、タクシーをチャーターした。行先はアクダマル島とヴァン城跡。ヴァン湖に浮かぶアクダマル島には九一五年建立のアルメニア・チャーチがあるはずなのだが、対岸からではかすかにしか見えない。観光渡船で渡してもらうのだが、看板表示では、十五人集まらないと出発しないとのこと。アルメニア教

め、崖をよじ上った。タクシーはすぐに拾うことができた。村上さんと相談して、ターミナルに行く前に銀行に寄ってトルコリラに両替しようということになった。銀行はすぐに見つかり、とりあえず二百ドルほどを両替した。銀行はイタリアのローマの銀行ほどには厳重な警戒はされていず、オープンな印象であった。そしてオトガルまでまたタクシーに乗った。

　西アジアではどこの都市でもバスターミナルは街の外れにある。ヴァンもご多分に洩れなかった。周辺には草っ原や林があるだだっぴろいところにオトガルがあり、停車場に沿っていろいろなバス会社のチケット売り場が並んでいた。ぼくたちはディヤルバクルと表示してある売り場を見つけて、その日出発するバスのチケットを買った。それによると出発が午後五時となっていた。そしてディヤルバクル到着は午後十一時ごろになるという。深夜に近い。ホテルの確保が重要である。そこでまた『地球の歩き方』の登場である。ペラペラとページをめくりホテルの欄を目でスキャンする。Gurer ホテルが目についたので、村上さん

会の見学に執念を燃やしている山﨑さんが、渡船の船長に二人だけでも出発してくれと折衝している。もうすぐに、あと二人くるからそれまでしばらく待て…と船長。ところが十分待っても十五分待ってもだれも来ない。道をはさんで向かいのレストランで食事をしているアベックがその二人らしい。食事はすでに終わっているようなのだが、いちゃついているのか、一向に腰をあげる気配がない。二百ミリの望遠レンズで、何とかアルメニア教会の姿をカメラにとらえることができたので、未練を残しながら退散することにした。このまま待ってもヴァン城跡の見学時間がなくなるばかりだから…。私たちはアルメニア教会の見学を諦めざるを得なかった。

　おそらく一番損をしたのは船長だ。二人ずつ別々に渡船したら八十USドルの現金収入になったのに、効率よく渡船しようと欲をだしたものだから、私たちの四十USドルを失ってしまった。我々からの四十USドルを逃してしまった船長は、ひょっとするとアベックには八十USドルと吹っかけていたかもしれない。そんなことをしたら八十USドルの全てを失うかもしれないのだが…。観光業には、繁忙期と閑散期があり、同じようなサービスを提供していたのでは、持続的な経済成長を望むのは困難だと思ってしまうのは、きびしい競争社会で、姑息な利益最優先の考え方を身にしみつけてしまった結果なのだろうか。

　ヴァン湖の向こうの山々が、そんなにあくせく働くことばかり考えなくてもよいだろうにと、私の考えを笑ったような気がしたのは、平滑な湖面を渡る風のさざめきがつくった悪戯だったのだろうか。快晴の空が何よりのご馳走だった。

トイレ事情あれこれ

　尾籠《びろう》な話で申し訳ないが、二〇〇三年に乗った中国江蘇省のフェリー船のトイレほど、汚いトイレは見たことがない。視覚的にも嗅覚的にもそれは凄まじいもので、このトイレを使用することに恐怖すら感じ、用を足すことを諦めた思い出がある。翌年も翌々年もこのフェ

のノキア携帯で連絡をする。幸い部屋はすぐに予約ができた。

ここでようやく足と宿が確保できたので気持ちに余裕ができた。

出発までまだ時間があるので、ヴァン湖に浮かぶアルメニア教会の島を訪ねようということになり、タクシーで出発した。

ヴァンは百年前までは、アルメニア人の街であった。アルメニア人はアララト山を民族の象徴として、この山の周辺にたくさん居住していた。ところがオスマントルコ政権末期になって政府はこの地域のアルメニア人を強制移住させようとし、その過程で大勢のアルメニア人が虐殺されたという。トルコは政権が代わって共和国となってからも、この虐殺を認めていない。アルメニア共和国はトルコによる民族浄化だとして現在もトルコ政府と争っている。

そんなこともあって、ヴァンなど東アナトリアにはアルメニア人の居住区はいっさいない。しかし、アルメニア人がかつて居住していたことを示す史跡はいたるところにある。その一つが、ヴァン湖に浮かぶアクダマル島のアルメニア教会である。

リーを利用した際にトイレを覗いたが、一度たりとも用を足す勇気は生じなかった。日本では、急な出来事（例えば葬式など）のときに、トイレと台所を見れば、その家の生活レベルがわかるといわれているが、まさに当時の中国の生活水準や、公共施設利用における公衆道徳や、環境文化の水準を如実に表現していたといえる。

この体験から海外に旅行したときは、意識的にトイレを観察する習慣ができた。蛇足ながら、北京オリンピック（二〇〇八年）を目前に、蘇通長江公路大橋（全長三十二キロメートルで長江に架かる部分だけでも八キロメートルにも及ぶ当時世界一の橋）が、五年の突貫工事の末に完成し、フェリーもその役目を終えてしまった。したがって「昇竜中国」と形容される経済力を身につけた感のある中国だが、それ相当の環境・公衆道徳などをも適切に身につけつつあるかどうか、それを測る絶好の物差しがなくなったことは、とても残念なことだ。

私は日本人こそが世界中で一番の清潔好きだと漠然と思っていたが、今回のイラン・トルコ旅行で、この考えは非常に浅はかな思いこみであったと知らされた。地球上で一番の清潔好きはムスリムである。これが結論だ。日本人も清潔好き（例外もあるわョ、と家内が茶々を入れる）だが、ムスリムの清潔好きはそんな比ではないのだ。なぜならば、イスラムの行動規範のシャリーアには、一日に五度の礼拝をする際には、体を清浄にしておくべしと記されている。何が清浄で何が不浄なのかについても、詳細な決め事があるらしいのだ。

さて、イランのトイレで真っ先に気づかされることは、どこに行っても男性用小便器にお目にかかったことがないということだ。そのことについてレーザーさんに尋ねてみると、イランでは用便後は必ず水で洗う（浄める）習慣がある。男性も女性同様に小用の後でも水で洗うのが習慣である。立ったままでは水で浄めることは難しいので、しゃがんで用を足すことになり、政府もこれを奨励しているとのことであった。クルアーン（預言者ムハンマドが聞いたとされる、唯一神アッラーの啓示を、体系的にまとめたもの）には、トイレの後は水で浄めなさいとは書かれていないが、下半身の汚れを常に浄めることが象徴的な行為として定着し、習慣化したものだと理解すればよいのだろう。

ぼくたちは、チャーターしたタクシーで一時ごろに島が目の前に見える湖畔の船着き場に着いた。船はあったが客はわれわれ以外にいなかった。船長らしき人物は、二人だったら船は出さないが近くに見えるレストランで食事をしているアベックが乗りそうなので、彼らが来たら船を出すという。われわれは澄みきった湖面を通して見える小魚の群れを楽しみながら辛抱強く待ったが、事態は動かなかった。昼食をとるためそのレストランに入ってアベックを観察もしたが彼らが席を立つ気配はなかった。

もはやこれまでと判断し、残念であったが島へ渡るのをあきらめ、ヴァンの街へきびすを返した。

出発までまだ間があった。カレ(城砦跡)は街の外れにあるのでタクシーにそこへ案内してもらった。

城砦の上に上がると、ヴァンの街やその背後に迫る山々、そしてヴァン湖が一望のもとに見渡せた。まさしく絶好のロケーションである。日本の各地にある平山城跡にも似ていて、そこは市民の憩いの場所にもなっているようであった。家族連れやア

次に大便器であるが、現在の日本ではしゃがみ式(和式)と腰掛式(洋式)があるが、イランでは百パーセントしゃがみ式であった。水でお尻を洗う洗い易さから、洗浄用水ホースを備えたしゃがみ式が普及したと考えるのが妥当なようだ。この大便器には、日本のそれとは異なり金隠しがない。だからどちら向きにしゃがんでよいものか迷ってしまう。日本ではドアを背にしゃがむレイアウトが多いので、取りあえずそれで試してみたがこれは大失敗だった。尾籠な話続きで申し訳ないが、汲み置き水をひしゃくに取り、ほんの一瞬前までは我が体内にあった排泄物を流そうとするのだが、ひしゃくの水が少なく、なかなか流せず大いに苦戦した。後日、逆向き(ドアに向き合うよう)にしゃがんでみたら、これが大正解だった。このしゃがみ方だと、排泄物が便器から消え去るまでの移動距離が短く、流す水量も少量でよいことがわかって、正直ホッとした。

一方トルコでは、男性用小便器も見かけたし、しゃがみ式大便器も腰掛式大便器もあった。帰国後しゃがみ式便器と腰掛式便器の境界が、オスマントルコの最大領土域と一致するという説(『トイレットのなぜ』平田純一著)があると知った。私は知らず知らずのうちに、この便器たちの境界を旅していたのかもしれない。しゃがみ式大便器は、イスラム教文化圏の象徴であり、腰掛式大便器は、キリスト教文化圏で支配的である。しゃがみ式と腰掛式の混在地は、イスラム教文化圏とキリスト教文化圏の鬩ぎ合いの地といえるかも知れないのだ。

トルコのトイレで特筆するべきは、有料トイレが極めて多いことだ。利用料金はたいてい〇・二五~〇・五トルコリラだから、さして懐は痛まないのだが、常に小銭を持ち合わせていないといけないので、不安で仕方がない。とにかく、精神衛生的によくないのだ。有料トイレには必ずといってよいほど料金徴収係がいる。この料金徴収係の大半は子供たちが担っているようだ。料金徴収係以外にも、料金を踏み倒そうとする不届き者を監視し、強制的に料金を徴収する係が二名ほどおり、これは日本でなら中学~高校生と思しき年齢の青少年が担当していることが多いようだった。私はこの有料トイレの料金徴収システムについては、その運用実態について少々懐疑的な見方をしている。トルコではチャイハネ(喫茶店)に多くの

ヴァン城砦跡に立つと、ヴァンの街を一望のもとに見渡すことができる。家族連れやカップルの憩いの場になっている。平和な佇まいの街が、2011年10月の大地震で壊滅的な被害を受けたという。

写真の二人はまだ新婚だという。男性は高校の先生らしい。しかし、ヴァン大地震の後、連絡が取れなくなった。

ヴァン湖に浮かぶアクダマル島にはアルメニア教会がある。円内は船着き場で見た小魚の群れ。

ベックなど大勢の人々がスケールの大きい眺望を楽しんでいた。ぼくが写真を撮っていると、一組の若いアベックが目につき、思わず数カットのシャッターを切っていた。そして彼らに話しかけると、まさに結婚して間もない夫婦であることが分かった。男性は人懐っこい目の好青年で高校の先生だという。奥さんはスカーフで頭を覆っているが顔面は彫りが深くその目はエキゾチックで魅力的だった。美人である。しかし表情は少し硬かった。

　ぼくは青年の連絡先をEメールでメモしてもらい、帰国後に写真を添付して送った。彼も学校での様子の写真を送ってくれた。しかしその十か月後、ヴァン地方は大地震に見舞われた。ぼくはすぐにお見舞いのメールを送った。その短い返信からは、想像もできないような被害に遭っていることが窺われた。そして、その後、連絡は途絶えてしまい、彼と美人の奥さんがどうなったかは杳《よう》として知れない。

お年寄りが集い、時間を持て余してひまつぶしをしている光景を嫌というほど見てきた。社会保障制度が充実しているとは思えないトルコという国で、お年寄りたちは現状の不満や、将来への不安を多く抱えこんでいるものの、その捌《は》け口もなくチャイハネに集っているものと思っているのだが、本当のところはどうなのだろうか。こういった問題の打開策のひとつとして、お年寄りたちを、有料トイレの料金徴収システムの実働部隊に起用することも有用なことではないだろうか。私の個人的な意見としては、子供たちや中・高校生が、有料トイレの料金徴収システムに組みこまれることにより、安易に現金収入を得てしまうことが、青少年の金銭感覚と勤労意欲を麻痺させ、学習意欲さえもを減退させてしまい、トルコの今後の経済発展の大いなる弊害に繋がってしまうのではないかと危惧してしまう。人間という生きものは、忍耐強い反面、安易な方向に流され易い側面を持っている。幼少にして大した努力もなしに小遣いを稼げたり、金儲けの方程式に接してしまうと、その後も何とかなるだろうと安易な考え方に進み、神頼みに似た行為に及んでしまうことを、私は危惧しているのだ。そのような事態がもし国のレベルで起こったとしたら…そのような可能性が少しでもあるとしたら、今のうちから何らかの処方を施すべきではないだろうか。トルコという国の有料トイレを見て、そんな危うさを感じてしまった。

　こんな余計なおせっかい妄想をめぐらせているとき、ヴァン城跡の有料トイレで、カフタン（トルコの民族衣装）を着た三十歳代後半と思しき男性（こんな歳を食った男性が、料金徴収係をしているのは、これが最初で最後のことだった）が、料金徴収と同時に、ひしゃくで手洗い水を供してくれた。そしてオマケに手拭き用のペーパーまで差し出してくれた。私はカフタン姿の男性のこの行為のなかに、トルコでのサービスの発露の出発点を見たような気がして、〇・五トルコリラのチップを差しだしたのだった。

アナトリア縦断バスでの出来事

街灯も信号もない漆黒の闇をひた走るバスは、突如として装甲車に行く手をはばまれた。そして銃を持った兵士がバスの中に乗りこんできた。これは東アナトリアの日常茶飯事なのか。

クルド地域をバスで突破

外務省が開設しているホームページで、「海外安全ホームページ」がある。

このなかの中東地域のトルコのページをみると、危険情報として、東アナトリアの南東部を挙げて、この地域のクルド労働者党（ＰＫＫ）を名指しして爆弾テロやトルコ軍への攻撃の可能性があるので十分な安全対策を講じるように、と警告してあった。

同じページにリンクされている危険地域の地図を見ると、ヴァン湖周辺を中心にディヤルバクルまでの南東部が黄色く塗りつぶされていた。

ぼくは、この危険情報を旅行前にチェックしていたが、特に近づかないほうがよいとされているハッカリ方面には入る予定はなかったので、問題にするほどでもないだろうと気楽に考えていた。

イラン・トルコ国境を越えてからアンタクヤ（ハタイ）までの数

日本では絶対に経験できない、戦慄の一瞬がやって来た

一七時出発のディヤルバクル行きの長距離バスには、二人のパーサー役の若者が乗りこんでいた。飲み物やコロンのサービスで、コマネズミのように気ぜわしく働いていたのが、とても印象的だった。

印象的といえば、コロンのサービスにはおどろいた。パーサーが、オーデコロンらしきボトルを持って、客席を巡回しだした。乗客が一様に両の手のひらを差しだすところに、パーサーがたっぷりと…これでもか！というくらい、シュッシュッとコロンらしきものを振りかけてくれるのだ。乗客を観察していると、手のひらをこすり合わせて、次に首筋や顔をその手のひらでなで回して、オーデコロンの香りを擦りこんでいるのだ。

バスの中がむせ返るような、柑橘系の安っぽい匂いに包まれる。この強烈な臭気地獄は、一時間は続くだろうと覚悟したが、十分としないうちに消え失せてしまったのは、極めて有り難い誤算だった。

日は、交通機関やホテルの予約はとっていなくて、行き当たりばったりの、文字通りのバックパッカー的な旅を敢行しようと考えていた。いま思うと、随分無謀な計画だったというしかない。

ドウバヤズットを朝九時にヴァンに向けて出発したときは、昼過ぎにはヴァンに着くだろうから、その日はヴァンに泊まらずディヤルバクルまで行ってしまおうと思った。

ヴァン周辺を観光した後、ディヤルバクル方面行きのバスに村上さんとともに乗りこんだときは、オトガルはとっぷりと夕闇に包まれていた。

バスの車窓からは、夜なのでほとんど風景は確認できない。ところどころでバスは新たな乗客を拾ったり降ろしたりしながら、暗闇を突っ走っていった。

突然のバス降車

昼間の観光疲れでうとうととしていたとき、バスはとつぜんに街中でもないところに停車した。バスの運転席の脇のとびらから迷彩服に身を固めた兵士が一人乗りこんできて、前の席のほうから乗客の身分証明書を集め、乗客を降ろしている。

窓から外を見ると、バスに平行して装甲車が停まっていた。そのとき、バスの席の通路を挟んで私の反対側に座っていたトルコ人の女性が、私の膝をたたき、立って前へ進むように促した。外国人である私たちもバスから降ろされるのかというおどろきと、これからどうなるのかという不安が頭をよぎり、ぼくは村上さんと顔を見合

ちびりそうになった

ディヤルバクルまで約四百キロメートル　六時間の旅では、その途中で二度にわたって、トルコ軍による検問があった。最初の検問では、兵士が銃を持ってバスに乗りこんできた。どうした訳か男だけがバスから降ろされ、トルコ軍の装甲車の前に整列させられた。異様な圧力を感じる装甲車の前で、私はただ要求されるがままに、パスポートを差しだし、無事無罪放免されることだけを願っていた。地元のトルコ人は身分証明書を差しだし、チェックを受けている。私はオシッコをちびりそうなほど緊張し、かつ戦慄していた。二十分ほどして、無事乗客全員が放免となり、バスにもどることを許され、何事もなかったようにバスは走りだした。振り返って考えてみると、日本では、車の運転中に免許証のチェックを受けるぐらいである。それほど日本という国は、安全で安心して住める国ということなのだろう。装甲車の前に立たされ、危うくオシッコをちびりそうになった奇妙な感覚の余韻とともに、日本での平穏な生活の、普段は気づかぬ有難味に感謝する思いがした。一方山﨑さんは、まったく異なる視点でこの検問を見ていた。彼がいうには、バスを降ろされたときは慄然《りつぜん》としたが、軍兵士たちが持つ自動小銃の銃口は下に向けられていた。これは発砲の意思はないと感じられたから、平静でいられた…とのことだった。旅慣れるというのは、こういうものの見方ができることなのか。

わせた。パスポートを兵士に渡しバスから降りると、こんなことには慣れっこなのか雑談をしながら男性乗客たちがバスの外にたむろしていた。バスの窓を見上げると、女性たちだけがバスの中に残されていた。改めて同乗してきた人たちを見渡すと、その顔つきからおそらくほとんどの人はクルド人ではないかと思われた。

　十分ほどバスの外で待っていると、やがてバス乗務員が席に戻ってもよいと合図をした。席に戻った我々に、乗務員の手から一人ひとりの身分証明書が返却されて、ぼくにもパスポートが戻ってきた。やがて何事もなかったかのようにバスは出発した。そしてつぎにバスが停まった町で、先ほどぼくのひざをたたいた隣の女性に町の名を聞くと、タトワンと教えてくれた。ヴァン湖を挟んでヴァンの対岸に位置する町である。時計を見ると午後八時半をすぎたころだった。

　ディヤルバクルに到着する予定時間の十一時まではまだ先が長いなと思っていたら、次にバスが停まったところは、トイレ休憩のできるレストランだった。午後五時に出発してから、乗客のだれもが空腹を抱えていたにちがいない。ほとんどの乗客はバスを降りてレストランで食事をとり始めた。乗務員たちも一つのテーブルを囲んで食事を始めたので、ぼくと村上さんもビュッフェ形式のロカンタで食事をすることにした。

　休憩が終わると再びバスは出発した。この時点で時間は午後十時近くであった。あと一時間ではたしてディヤルバクルに到着するんだろうかと、大いに不安になった。

　ちなみにこのバスには運転手以外に三～四人のスタッフが乗りこ

若者の拘束

トルコ軍による二度目の検問があり、また兵士たちが自動小銃をたずさえて、バスに乗りこんできた。私は自動小銃の銃口の位置に注目していたが、銃口は一様に上に向けられていた。このときばかりは鈍感な私でも、首筋から両の二の腕にかけて、粟立つような戦慄の感覚に支配されていた。とっても重苦しい空気のなかで、結構長い時間が経過したようだった。若者が一人拘束された。一一月だというのに半袖のTシャツに半ズボン姿。両腕にタトゥーがあり、トルコ人らしからぬ風貌で、白人のように見えた。

　はっきりとは思いだせないのだが、この検問ではパスポートチェックはされなかった気がする。おそらく一回目の検問で、パスポートや身分証明書をださせて、その真偽を確かめる時間を稼ぎ、怪しい場合は二回目の検問で拘束するという作戦だったように思われた。拘束された若者にしてみれば、一回目の検問を無事に通過できて、ひと安心と思った矢先に、こんなはずじゃぁないという思いがあったのではないだろうか。バスの窓側に座った私からは、検問所で拘束され、取り調べを受けている若者の姿が、はっきりと見てとれた。この検問はクルド人の反政府活動家が、他の地方に拡散するのを防止するための処置の一環なのだろう。クルド人反政府組織＝クルド労働者党（ＰＫＫ）＝テロ組織、と見なしているということなのだが、歴史的には以下のように読み解ける。

　第一次世界大戦後、多民族国家であったオスマントルコ帝国が瓦

んでいた。彼らは乗客にレモン水のサービスをしたり外部と連絡を取ったりとかなり忙しく動き回っていた。バスは大型なので、席のあるフロアの下には仮眠するスペースがあるらしく交代しながら仕事をしていた。

再び軍のチェックポイント

午後十一時を過ぎたあたりでバスが明らかなオトガルに入ったので、ようやくディヤルバクルに着いたかとバスを降りようとすると、乗務員がここはディヤルバクルではないと言う。口調からは、まだまだ先のような雰囲気が感じられる。まさに乗りこんだ船、こうなったら腹をくくるしかないと思っていると、バスは再び人家がないところで停車した。そこは軍のチェックポイントだった。

またもや、身分証明書の回収が始まった。今度はバスから降ろされることはなく、兵士が一人ひとりの身分証明書を集めていく。兵士はぼくと村上さんのパスポートを受け取ると、われわれの顔をじろりと一瞥《いちべつ》したあと、黙ってパスポートを返してよこした。

すべてのIDカードを集め終わると、兵士はバスを降り、バリケードの横にしつらえたテーブルの上で、カードを一枚一枚吟味し始めた。バスの中では、数人の乗客がそわそわと運転席のほうに行ったり、席に戻ったりしていた。やがて、兵士がまたバスに乗りこんできて、何やら叫ぶと、さきほどそわそわしていた若い乗客の一人が荷物を持って前に進み、兵士とともにバスを降りていった。そして、バリケードのテーブルの前に座らされた若者に尋問が始まった。す

解する際、ケマル・アタチュルクが指導する革命勢力と、オスマントルコ軍が武力衝突し、三年間にわたって戦った。その結果アタチュルク側が勝利し、トルコ共和国が誕生したのだ。そのときのオスマントルコ帝国の主力が、クルド人（クルド民族）部隊であった。したがって、アタチュルク側としてはクルド人憎しという背景があり、戦勝を機に仕返し＝迫害という政策、つまりトルコ共和国は単一民族主義をとったため、異民族となったクルド人は、必然的に迫害の対象となり、現在のエルドアン政権下でも、引き続き迫害の対象となっていると考えられるのだ。

クルド問題を肌身で感じた時間

こんなやりたい放題のトルコ共和国にも泣きどころがある。

トルコはEU（ヨーロッパ連合）への加盟を熱望しているが、西欧側からは「人権侵害（対クルド人問題）がある」「ギリシャとの対立が緩和されていない」「アルメニア問題」などと、難癖をつけられ、EU加盟を保留されている。キリスト教文化圏の集まりであるEUに、イスラム教国のトルコを加入させたくないという感情が、EU加盟拒否の真の理由にみえるが、そういってしまうと差別になってしまうので、色々と難癖がつけられているのだと思う。この難癖のお蔭で、クルド人に対する文化的迫害（クルド語の使用やクルド語放送の自由など）は、緩和される方向にあるといわれている。

世界で有数の安心・安全を誇る日本から飛び出して、観光地巡りのツアー旅行ではなく、自由に行きたいところを歩き回れる第一歩

るとバスは、その若者を置き去りにしたままで、出発したのだ。乗務員や乗客たちは後方を振り返ることもなく、少し安堵の表情を浮かべてそれぞれの席に体を埋めた。

　ぼくは窓の外の暗闇を凝視しながら、あの若者はこれから一体どのように処遇されるのだろうと考え、クルド問題の根の深さを改めて思い知らされた気がした。

運命を左右するIDカード

　むかし見た映画に、トルコ人監督ギュネの「路　ＹＯＬ」という作品があった。ギュネはクルド問題をテーマにこの作品を作った。このなかでも、バス乗客の軍によるチェックのシーンがあった。今回、私たちのバスがチェックを受けたときに、あの映画のシーンと同じだなと思いながら、自分自身がチェックの対象になったことに少なからず衝撃を受けた。二十年以上前のトルコの状況と今がまったく変わっていないというのもおどろきであった。

　そしてバスで移動してわかったことは、トルコ人は自分を証明するＩＤカードをつねに肌身離さず持ち歩いているということだった。もしＩＤカードがなかったり、携帯し忘れていたりしたら、その人の運命はどうなるんだろうということを想像すると、背筋が寒くなった。

　軍のチェックポイントを離れたバスがしばらくいくと、乗務員がぼくたちにディヤルバクルに近づいたことを教えてくれた。時計は午前〇時半をさしていた。乗務員はオトガルから市街までの我々の

目として、イスラム圏を訪れたのだが、この旅で、今まで知り得なかったクルド人を巡る諸問題（差別・虐待を含む）を知ることができた。このクルド人問題は、若者の政治離れがすすむ日本ではとても想像ができないほど、根深い問題のようだ。先に述べたように、私なりに調べては見たものの、クルド人問題の根っこはよくはわからなかった。個人的に見解を述べると、トルコの内政問題として処理されるべきで、第三国が口をはさめばはさむほど問題が複雑化し、問題の本質（クルディスタンの独立）から乖離《かいり》するのではないかと、懸念せざるを得ない。

　予定より二時間遅れの二四時四五分に、無事ディヤルバクルに到着した。

足を心配してくれて、ホテルがわかっているなら、タクシーで行くかと尋ねてきたので、ぼくがタクシーを使いたいというと、バス停でもないところにバスを停め、近くに停車していたタクシーを呼んでくれた。

こうして、ぼくたちは、ヴァンから八時間余りをかけてディヤルバクルにたどり着いた。バスは、クルド人居住地域のほぼ真っ只中を突っ切ったんだろうと思う。ぼくたちにとっては文字通り緊迫の八時間だった。

そして到着したディヤルバクルというところはまた、典型的なクルド人の町であった。

クルド人の町ディヤルバクル徘徊

辺境の城壁都市には、ローマ、ペルシャ、イスラムなど巨大勢力のはざまで生き抜いてきた輝かしい歴史がある。男にも女にも、不屈の気概を示すまなざしとシワが顔にきざまれていた。

クルディスタン

ディヤルバクルの旧市街は、壮大な城壁ですっぽりと囲まれている。ローマ帝国時代から続く古都で、古名をアミダという。ローマの広大な版図にふくまれていて、アミダはその東の辺境に位置し、ペルシャ帝国やイスラム帝国からの脅威に常にさらされていたため、こうした堅固な防壁が必要であったのだろう。

ぼくたちがディヤルバクルに着いたのは、一一月五日の午前一時ごろだった。幸いホテルをヴァンから電話で予約していたので、深夜にもかかわらず投宿できた。

翌朝さっそく市内見物に出かけようと、

グランドギュレルホテル泊

一一月五日、終日ディヤルバクル観光。

ディヤルバクルは有名なティグリス川を近くに臨み、全長約五・八キロメートルの城壁で囲まれた、トルコにおけるクルド系住民の中心的都市だ。ダーカプと呼ばれる門のあるターミナル広場が、この街の中心だ。

私がちょっとよそ見をしている間に、例によって山﨑さんは、自分の興味本位でさっさと歩きだしてしまった。広いターミナル広場に、真っ赤なウィンドブレーカーの極めて異質で目立つ異邦人が、ひとり取り残されてしまった。私は英語が喋《しゃべ》れないということを充分に心得ているので、ひたすら山﨑さんの帰還を待つべく、身を屈め目立たないようにしていたつもりだった。そこへ風采のあがらない小男が近づいてきて、何やら私に声をかけてきた。トルコ語なのか、トルコ訛《なま》りの強い英語なのか、さっぱり聴き取れない。困ったなぁと思っているところに、山﨑さんがご帰還になり、まずはひと安心だ。

この小男は、クルド人を監視しているトルコ公安当局の刑事ではないかというのが、山﨑さんの推察である。確かにディヤルバクルはクルド人の住人が多く、公安当局が治安維持の

町の中心にある広場でインフォメーションセンターを探しているときだった。広場のベンチに座っていた村上さんのところに二人の男性が近づいてきて、なにやら話しかけている。村上さんは英語が苦手なので、対応に困っている様子だった。

ぼくが三人に近寄り何ごとか聞いてみると、二人の男性はどうやらぼくたちを外国人とみなしたうえで、声をかけてきたようである。

「きみたちは、クルド問題を知っているか?」

あまり明瞭な英語ではなかったが、たぶんそう言ったのだろうと思った。

ぼくは、相手が何者なのか推量できないうちはうっかりしたことは言えないぞと身構えた。クルド人の町に着いていきなりこんな人物が我々の前に現れるとは予測もしていなかった。

相手のひとりが「クルド労働者党のことを聞いたことがあるか?」とも尋ねてきた。「それはPKKのことか?」と応じると、それにはあいまいな返事をした。

つづいて、

ための監視を強化していることは、容易に推定できるが、真相は不明である。

ディヤルバクルは城壁で有名な街だ。世界一の城壁は万里の長城で、二万千百九十六キロメートルもあるとか。ここディヤルバクルの城壁は全長が五・八キロメートルと、万里の長城に比べるとスケールダウンも甚だしい。

玄武岩を積み上げた城壁の上への入場は自由で、だれにとがめられることもなく、勝手気ままに歩き回ることができた。城壁を上る階段には、落下防止用の柵や手摺といった類の、安全保護設備はまったくといってよいほどなく、幅六十〜百二十センチメートルの、石段を上ったり下りたりしながら、城壁を巡るのだ。城壁は上ってしまえば、通路の幅が三メートルほどもあるので、恐怖感を感じることもなく、安全は充分に確保されているように感じた。はじめは恐る恐る、慣れてくると足取り軽く、そして城壁を一周するころには、脚が棒になり、膝がガクガクになってしまった。何しろ五・八キロメートルの城壁を一周（東側の城壁は残っていない部分もあって、完全に一周することは無理だった）するのに、十六か所もの階段をその都度、上ったり下りたりするものだから額から汗が吹き出る。ビールが飲みたい。

ディヤルバクルも、飲酒に対して厳格な立場をとっている地域なのだ。それでも飲みたいものだから、飲料販売店を丹念に、しらみつぶしに調べて回ることにした。そしてついに山崎さんが、執念でエフェスビール販売店を見つけた。有り難や、有り難や！　レギュラー缶しかなかったので、四本購入して、いざロカンタ（軽食屋）へ！　ロカンタではビールはださないことはわかっていた。私としては、山崎さんの折衝能力に期待していたのだが、しかし現実はもっと厳しく、ビールの持ちこみも拒否されてしまった。仕方なく市民の目を避け、城壁の片隅で隠れるようにして飲むことにした。

こんなに肩身の狭い思いをしながら飲むビールは、初めてだった。この肩身の狭い思いは、私の備忘のためのメモにも記憶にも残していたが、エフェスビールの味については、ドウバヤズットのときと同様に、記録にも記憶にも残っていなかったのは、とても不思議なことだった。人間は後ろめたい思いのもとでは、味覚の記憶は優先されないのかもしれないと思った。

ディヤルバクル城壁はほぼ円状に旧市街を囲んでいる。その全長は 5.8 キロ、数千年の歴史があるが保存状態はよい。数十メートルおきにさまざまな時代様式の塔がある。

広場であやしげな二人の男から詰問される村上。

数千年の歴史の重みが城壁にも刻まれている。不規則な石積みで作られた壁は美しい。

「この町はクルド人の町だ。知っているか？」

というので、

「ああ、ここはクルディスタンだろう」

と言ったら、二人はうれしそうににっこりと笑い、我々と握手して立ち去っていった。

二人の男性の身なりは、きちんとスーツを着こなしていて、とてもゲリラ風には見えなかったので、もしかしたら私服警官かもしれないとあとで考えたりもした。

しかし、あらためてディヤルバクルは「クルド人の町」ということを肌身で感じさせられた出来事であった。

日本の旅行エージェントの観光コースに、ディヤルバクルが含まれていることはめったにない。ぼくたちが訪れる数年前までは、PKK（クルド労働者党）とトルコ軍の武力衝突が激しく、治安が悪化したことが要因のようである。その後、和平が成立したはずだが、クルド人は外国人とみると、何かを訴えようとしているのかもしれない。

クルド労働者党は、クルドの独立を目指してトルコ政府と数十年にわたって戦い続けている。クルド問題はいまなお現在進行

しかし「隠れ酒は美味い！」ともいうしなぁ…。本件、後日の研究材料にしたい。

城壁内の南西部に位置するシリア正教会のイコン（聖像画）を見たのち、キャラバンサライ（隊商宿）で食事をしたが、何を食べたのか、まったく覚えていない。覚えていることといえば、トルキッシュコーヒーは、煮出したコーヒーの上澄み液だけを飲むということと、ウエイターの青年が大変面白い奴で、山﨑さんが自分の名前を名乗ると、「ヤマザキ　カワサキ　ナイスバイク！」と小気味よく返してくる。トルコの片田舎である東部アナトリア地方で、日本のカワサキ製のバイクの存在が知られていることにおどろいたのはもちろんだが、メイドインジャパンの性能が褒められたことは、日本人として少々誇らしい思いがした。しかし、今回の旅行中、ついぞカワサキ製はおろか、ホンダ製のバイクすら見かけなかったことは、狐につままれたような思いだった。


世にも不気味で怪しげな飲みものに出逢ってしまった

夜、ビールを求めて、グランドギュレルホテルの近隣をさ迷い歩いたが、ビールを供するロカンタは見つからなかった。最後に入ったロカンタで店主のおっさんが、「ビールより美味いもんを飲ませてやる！」と言うので、騙されたつもりで席についた。

直径十八センチほどのアルミ製のボウルに、なみなみと溢れんばかりの白い液体がでてきた。この白い液体の液面には、大小の泡立ちがあり、怪しげな雰囲気すら、ただよわせていた。私は昔から白い液体が苦手で、牛乳もほとんど飲んだことがなかった。子どものころから初恋の味カルピスも、色が白く不気味なので飲まずにいた記憶がある。だからアルミのボウルに入った泡立つ白い液体を、目の前に突きつけられたときは、正直ちょっとたじろいでしまった。

半年前の家内とのトルコ周遊ツアーで、トルコにはアイランというヨーグルト飲料があることを、添乗員から聞いて知っていた。しかし白い液体に嫌悪感を持つ私は、アイランは興

形なのだ。

誇り高きクルド人

ディヤルバクルの街中を歩いていると、たしかにこの町はクルド人の町であるということを実感する。

まず、道行く人たちの服装がちがう。

それでも男性は、イランやヴァンで見かけた人々と大して変わらないような、ジャケットにごく普通のズボンだったりである。時折、伝統的な服装をしている人に出会った。ダブダブのモンペのようなズボンに、腰に太い布地の帯をして上のシャツは白い木綿のゆったりしたものを着ている。明らかにクルド人の民族衣装と思われる。

女性の場合は、一様にスカーフを着用していた。年配の女性はスカーフに飾りがついている。さらにゆったりと広がった長いスカートの女性も目についた。

若い女性で稀に素の髪を表に出している人を見かけたが、ほんとに目を凝らしていないと出会うことはなかった。

顔つきにも少し特徴があるように思った。

味の対象外だったので、いっさい口にすることはなかった。家内は大のヨーグルト好きだが、それでも怪しげな見てくれが災いしたのか、旅行中アイランを口にすることはなかったようだ。ホテルの朝食時は、ダノンのプレーンヨーグルトに、ジャムや果物をトッピングして食べていた。せっかく異国トルコに来たのだから、伝統のアイランを試してみればいいのにと思うが、冒険心が極めて希薄なたちなのだ。

それにしてもこの不気味な飲みものは、どう形容したらいいのだろうか? アイランはヨーグルトの保存食として、古くからトルコや中央アジア一帯で愛飲されていたらしく、新鮮なアイランほど泡を含んでいるという。このときはそんなことは知らないものだから、この奇怪な飲みものが入ったボウルを、しげしげと眺めたあと、両手でボウルを持ち上げ、目をつぶってこれを飲み干す覚悟を決めた。初めはこの液体が生温かかったり、口の中で味が大きく変化するような代物だったら、さっさと飲むのを止めようと思っていた。ところがボウルから両手の掌《てのひら》に伝わってきたのは、ひんやりとした安心感をともなった、心地よい感触だった。横から、さきほどの店主のおっさんが、聴き取り不明の言葉を吐いては、早く飲め、よ～く味わえとばかりにあおりたててくる。山﨑さんはといえば、これは何じゃろかというような顔でボウルを見つめている。

おっさんに先導されて真っ先に席についたのは私だったので、ここは私が先に味見をせずばなるまいと、無意味な使命感に駆られて、ボウルを口に運んだ。しかし目の前の怪しげな白色の液体とともに、尖った酸味臭が迫ってきたので、思わず目をつぶってしまった。一瞬の仕切り直しの後、口に含むと、塩気がヨーグルトの酸味を溶かしこんで、口いっぱいに広がり、鼻腔から抜けていった。おやっ? 思っていたよりはるかに美味しい。気がつけば十八センチのボウルに満杯のアイランを飲み干していた。そしてすぐにちょっと後悔した。これはヨーグルトに塩と水を加えてシェイクしたものに違いないと気づいたからだ。下痢をしたら困るなぁと思いつつ、飲んじまったものはしようがない。運を天にまかせることにした。

翌朝、私の体調にいささかの陰りもなかったことは、とてもラッキーなことだったと、アッラー

彫りが深く、鼻も高く、目つきがやや鋭い。

ディヤルバクルの人たちは、クルド人であることに誇りを持っているようだ。出会う人毎に自分は「クルディッシュ」であるということを昂然《こうぜん》と言い放つ。けっして「ターキッシュ（トルコ人）」とは言わない。

ディヤルバクル旧市街を囲む城壁の上を歩いているときに出会った若者のグループは、ぼくに写真を撮ってくれとせがんだとき、「自分たちはクルディッシュである」ということを意味ありげに話した。城壁の上は町の人々の散歩コースやデートコースになっているらしく、若者に出会うのは珍しくはないと思ったが、その若者グループは、壁の影で顔を寄せ合って何やら密談している風で、単なる散歩ではないように思われた。

キャラバンサライのカフェで働いている陽気なクルドの若者は、「自分はクルド語のほかにトルコ語、英語、スペイン語が話せる」と言って自慢していた。イケメンを自認しているらしく、「クリスティアーノ・ロナウドみたいだろ」と言ってにやりと笑った。

（イスラム教の全能神）に、ひそかに感謝したのはいうまでもない。

ディヤルバクルの再生はあるのか

クルド系住民を多く抱える市街地でのゴミ問題は深刻だと感じた。近い将来、大きな環境・衛生問題へとエスカレートしていくことが、懸念される。原因の一つは、効率的なゴミ処理システムがないこと。さらには汚さないというモラル教育の不足だ。要するにハード面もソフト面も不足しているのだ。現トルコ政権が、単一民族主義を謳ってるかぎり、クルド系住民のための予算投入はありようもなく、事態の深刻化が憂慮される。トルコ共和国建国以来、今日まで続くクルド人差別・迫害から方向転換し、クルド系住民との共存への妥協（単一民族主義の放棄を意味する）をしない限り、オスマントルコ帝国時代に栄えたディヤルバクルの再生はおろか、トルコ共和国の国際社会からの、認知度も向上することはないと思われる。裏返していえば、トルコは常に危険な国・差別迫害の国というレッテルを貼られ続けて、EUへの加盟も経済的発展の夢も、単なる幻と化してしまう可能性が、極めて高いと思われる。

城壁の上で会ったクルド人の若者たち。

バザールで売られていたキャベツは人間の頭の数倍あった。

街の人々の生活のなかにある城壁は、日常に違和感もなくとけこんでいるように見える。平穏な風景からは、激しい内戦があったことなど微塵も感じられない。

城壁の上からは、雑然とした民家が広範囲に広がっている様子をながめることができる。

公園のベンチで休んでいるときに、近くを通りかかったクルド人の子ども三人が私たちの近くにきて、何やらねだろうとしたときに、その子どもたちとはまったく縁もゆかりもないと思われる大人の人が、子どもたちを叱りつけた。なおも子どもたちが私たちが歩く後をつけてまとわりついてきたときは、荷車を引いていた男性が、わざわざ通りから公園に入ってきて、子どもたちを叱りつけ追い払ってくれた。

むかしは日本でも当たり前に近所の人たちが子どもをしつけたような世界が、クルド人社会には残っているんだなと思った。

ディヤルバクルを歩いてみて感じたことは、この町は独特のクルド人社会の空気が漂っているということである。トルコ社会はもとより、外国人をも受け入れないような「壁」があるように感じた。それだけに、ぼくにはとても魅力的な町に映った。

ぼくたちは主に旧市街を、足の赴くままに歩き回ったが、これ以上先に進むと危険だなと思われるところもあった。そんなときはさっさと退散したことはいうまでもない。

現エルドアン政権はEU加盟を目指しており、EU域内の自由通行実現による、トルコ人の就労域拡大を狙い、就労域拡大で得られたユーロをトルコ国内に還流させることによって、経済的発展を実現させたいのだろう。EU側としては、賃金の安いトルコ人の流入は、自国民の就労機会を阻害するおそれがあるので、加盟承認には消極的とならざるを得ない（他にも理由はある）のだから、トルコのEU加盟の実現性は、当面は極めて低いと考えてよいと思う。

例えば戦後の日本は、安い労働力を武器に第二次産業（製造業）を発展・進化させたことにより、国際社会の末席を占めるに至ったといっても過言ではないのだが、この目をトルコで実現させるためには、EU加盟が大前提になると思われる。一方で中国が、まさに日本が歩んできた道を、ひた走りに走って経済的発展を遂げようとしている。しかし中国が、けっして真似てはならぬ不動産・建設業・ノンバンクのバブルといった日本の失敗の轍《てつ》を、国を挙げて踏もうとしているのは、実に悲しいことだ。しかし、この事実は、トルコにとっては朗報といえるかもしれない。

トルコは、世界有数の経済圏兼消費地のEUに隣接するという、恵まれたポジションにいる。ごく近くに市場があり、自国に安い労働力があれば、EUに就労域拡大を求めなくとも、鬼に金棒ではないか。私は声を大にしていいたいのだ。EU加盟活動は地道にやることにして、まずは「EUの工場」を目指すべきだと。まずはトルコ国内満遍なく経済発展し、その恩恵を国民全体で享受するような、施策の立案から始めるべきだと…。

安い労働力が充分にあるのなら、EU諸国から各種の製造工場を誘致し、第二次産業の振興を図るとともに、付加価値を付与する工夫を学びつつ、「EUの製造工場」を目指せばいいではないか。

なかでも、私は縫製業に注力するのが有効な方法だと思っている。世界の衣料業界は、安価な労働力を有する中国に席巻されてしまった。その結果、メイド・イン・チャイナは安かろう・悪かろうの代名詞となり、今日に至っている。ヨーロッパ旅行をしてお土産に衣料を

壮大な城壁と旧市街

ディヤルバクルの旧市街はすっぽりと城壁に囲まれていることは前に述べたとおりである。

その城壁の長さは五・八キロに及ぶもので、単純にこれを円周とすると、東西南北の直径は二キロ近くにもなる計算だ。かなり大きな町であったことがわかる。

実際に南北方向と東西方向には大きな道路が走っているが、西側の城壁に沿った道路を除くと、街中には網の目のようにはりめぐらされた細い街路があり、迷路のようになっている。

こうした町の造りは、シリアのダマスカスの旧市街によく似ているように思った。

かつてアミダと称したディヤルバクルは、人間が住み続けている都市としては五千年の歴史を持っているそうである。

その歴史をほうふつとさせる建物が、「ウル・ジャーミィ」と呼ばれるモスクである。

北側の入り口からモスクへ入ると、四辺を建物に囲まれた中庭に出る。中庭の南側

買ったら、タグにメイド・イン・チャイナの文字を見つけて、がっかりした旅行者も多いだろう。メイド・イン・チャイナの氾濫は、観光業の盛んなヨーロッパでも、頭痛のタネとなっているはずなのだ。だからトルコは縫製業に国をあげて取り組むべきなのだと思う。現在のところは、トルコのEU加盟は認められていない。近い将来、クルド人問題やアルメニア問題（オスマントルコ時代に行われた、アルメニア人大殺戮〈現トルコ政府はこれを否定している〉）やギリシャ関係改善（キプロスを巡る対立）が善処されれば、EUとしても加盟を認めざるを得ないときが来るかもしれない。それまでの間は縫製業としての技能の訓練期間と考え、品質のアピール・物流整備など、将来への布石の基本条件を整える期間と考えれば、けっして無駄な時間ではないと思われる。そしてEU加盟のそのときこそ、メイド・イン・ヨーロッパのタグをつけたトルコの縫製品が、ヨーロッパからメイド・イン・チャイナの衣料を駆逐するときなのだと思っている。

ヨーロッパ中が、待ち望んでいるのは、高品質・少量多品種対応の衣料・短納期対応の衣料のOEM（納入先商標による受託製造）である。市場をヨーロッパに限定して考えれば、トルコは中国にくらべて、はるかにヨーロッパに近く、断然有利なポジションにあるといえる。それに加えてタグの表示がメイド・イン・ヨーロッパとなれば、水戸黄門の印籠を得たも同然だといっても過言ではないだろう。メイド・イン・ターキー（トルコ製）からメイド・イン・ヨーロッパへの変身。トルコ共和国としては、充分過ぎる見返りと国際社会の一員というポジションが、得られるのではないかと思うのだ。

しかしこのアイデアも、時間的な余裕がある訳ではなさそうなのである。すでにEU加盟を果たしたものの、経済的な発展は遅れている東欧諸国（ハンガリーやスロバキアなど）も、虎視眈々と戦略を練っているに違いないのだ。もし私が、今より十歳も若ければ、日本の工業用ミシンメーカーに協力を仰ぎ、安価な労働力がある東欧諸国に、日本の縫製業が持つ技術、技能の移植を試みるだろう。それが国の経済的発展への一番の近道だと思うからだ。

一方で私は、イラン・トルコの観光産業にも、大きな魅力を感じている。両国ともに数多

の建物が会堂になっていて、ファサードにあたる正面は北側を向いている。

西側には美しい二層の列柱の回廊があった。東側は、訪れたとき修復工事中らしく、塀で閉ざされ外観を窺うことはできなかった。おそらく西側と同様の列柱回廊になっているものと思われる。

中庭の中央には屋根つきのパティオ（水場）があった。

ウル・ジャーミィに入ってすぐに気がついたことは、ダマスカスにあるウマイヤ・モスクによく似ていることだった。ウマイヤ・モスクは支配者が変わるたびに、神殿、教会、モスクへと宗教的目的を変えている。ここディヤルバクルはかつてローマ帝国、ビザンチン帝国が支配していたので、ウル・ジャーミィもまたかつては、キリスト教会であったのではないかと思われる。

シリアとの結びつきを示すもので、旧市街の中にマリアマナ教会がある。この教会はシリア正教の教会ということであった。建物や壁にあるイコンは、ギリシャ正教やアルメニア正教のものとはやや趣がちがうように感じられた。

くの、世界遺産や未登録文化遺産が点在する。さらに、主要都市と遺跡群を結ぶ、幹線道路網は整備が進み、アクセスも充実している。特にトルコの観光業は、イスタンブール一帯と西南部パムッカレからコンヤを経由して、中部カッパドキアから中北部サフランボルを巡り、イスタンブールに戻るツアー（または逆回り）がすでに確立されており、内容も充実している。これらに東部アナトリア地方（ネムルート・ダゥ、ディヤルバクル城跡、ヴァン城跡など）が加われば、国内周遊コースの設定も可能になり、イスタンブールに一極集中する観光客の分散化にも、寄与するのではないかと思うのだ。やりようによっては、第三次産業も前途洋々だと思えるのだ。

トルコにはイスタンブールに証券取引所が開設されていて、約三百二十社が上場を果たしている。日本に居ながらにして、トルコ株を売買することはできないが、もしオトガル（長距離バスのターミナル）の運営会社の「ＡＤＲ（米国預託証券）やＨＤＲ（香港預託証券）」が上場されているなら、トルコという国の将来への期待を込めて、ぜひ投資を検討してみたいと思い、ちょいと調べてみた。

全部で一七社のＡＤＲが、ニューヨーク証券取引所で取り扱われていたが、私の興味を惹きつけて止まぬオトガル運営会社の名前は、ひとつとして発見できなかった。しかもこれらトルコ企業のＡＤＲは、その流動性が極めて低いこともわかった。トルコ航空もエフェスビールも、そしてガランティ銀行でさえもが低かった。つまりトルコという国の、国際社会における認知度は、きわめて低いということが、はっきりとわかった。

国際社会側からの一方的な見方ではあるが、クルド人問題を解決しないかぎり、トルコの国際社会における認知度が、向上することはないような気がしてならない。ディヤルバクル地域のクルディスタン独立または共存を認めることで、国際社会からの認知度が向上するのなら、トルコ共和国としては、充分すぎる見返りを得ることに繋がるのではないかと思うのだが、果たしてどうなのだろうか。ここはオスマントルコ時代からの遺恨を捨て、クルド人問題の解決（クルディスタン独立・共存＝単一民族主義の放棄）に、前向きに取り組むべき

ウル・ジャーミィは中庭を囲むように２層の列柱回廊をそなえている美しい建物である。創建以来 2000 年以上経っているという。お祈りの時間には、大勢のムスリムが訪れる。

マリアマナ教会は、1700 年前に建てられ、メソポタミア地域では最古のキリスト教会の一つといわれる。

ディヤルバクルの城壁の外、約一キロ東には、ティグリス川が流れている。ティグリス川は下流に向かって、シリア国境付近を通ってイラクに抜け、やがてアラビア海に注ぐ大河である。教科書でしか知り得なかったメソポタミアの世界が広がっているように感じた。

太古からの民族の交流の跡がディヤルバクルにはたしかに刻まれている。ぼくたちが訪れたときは内戦から間もないときであったが、旧市街にはその戦禍を示すものはなにも見当たらなかった。トルコ政府はこの町の保全を本気に考えているのだろう。その後二〇一五年にこの城壁が世界遺産に登録された。

だと思うのだが、果たして…。

こんなことを書いているとき、イスタンブールのアタチュルク国際空港で、銃の乱射テロが発生したという、とんでもないニュースが舞いこんできた（二〇一六年六月）。

アタチュルク国際空港は、二〇一四年に訪れた際、空港入場のときからX線透視による手荷物検査（セキュリティチェック）があった。だから、小銃などの武器持ちこみは容易ではないはずで、テロ集団の背後関係とともに、謎は深まるばかりだ。さらには、あっとおどろく、トルコ軍の一部がクーデターというニュースまで飛びこんできた（二〇一六年七月）。このクーデターは比較的早期に政府警察により鎮圧された様子で、さっそく事件の黒幕探しが始まった模様だ。以前エルドアン大統領と親密な関係にあったが、その後離反したギュレン教団の名前が黒幕としてあがっているが、エルドアン大統領が、さらに強権政治を展開することになれば（その可能性が強そうだ）、イスラムと国際社会のあつれきとは別に、イスラムの同胞間での主導権争いに加えて、クルド人問題も複雑に絡み、イスラム世界が「超カオス」の状況下に入ることを予感させる。

この私の予測は、ぜひとも外れてほしいと切に願っているが…。

ネムルート・ダゥをめざして大冒険

エジプト・ギザのピラミッドほどではないにしても、スケールにおいてはそれを凌駕しているかもしれない。二千メートルを超える山の頂上に陵墓があるのだから。しかも余人が近づきがたい秘境であった。

ネムルート・ダゥへのアクセス

ディヤルバクルで二泊した後、次の目的地は、ネムルート・ダゥ（ネムルート山）と決めていた。

ここは、世界遺産に登録されているのだが、東アナトリアのほぼ中央にあり、アクセスが難しいこともあってか、ツアーコースに入っていることはめったにない。

今回の旅行では、東アナトリアを縦走するので、ネムルートにはぜひ行ってみたいと考えていた。むしろネムルートに寄りたいがためにこの難しいルートを選んだと言っても的外れではない。

しかし、事前にガイドブックや地図帳、グーグルアースなどで、アクセス方法を調べていたが、いずれのガイドをみても曖昧模糊としていて、ついに決定的なコースを決めきれなかった。ドルムシュ（小型バス）が定期的に運行されているのは、アドゥヤマンという都市からということと、ネムルートに最も近い町がキャフタということだけは頭にしっかりとたたきこんで、日本を出発した。つきつめていえば「現地に行けば何とかなるさ」というアバウトな計画であった。

いざネムルート・ダゥへ

一一月六日。ディヤルバクル～ネムルート・ダゥ～アドゥヤマン～ガジアンテプ～アンタクヤ（ハタイ）を目指す大移動の日だ。ティグリス川を望む古代都市ディヤルバクルを朝八時に出発することができた。ネムルート・ダゥまでの距離は約百七十キロ、三時間弱のドライブだ。二時間近く走っただろうか、おどろいたことに目の前に大きな湖が現れた。ユーフラテス川を堰《せ》き止めて作ったダム湖だという。タクシーはダム湖の船着場で停車し、おっさん運転手は私たちを捨てて、ロカンタ風の店に入ってしまった。私はすることもなく木製の桟橋

ディヤルバクルのホテルを朝八時にタクシーで出発したぼくらは、とりあえずアドゥヤマンまでバスで行ってみようと、オトガル（バスターミナル）へ向かった。

オトガルに向かうタクシーの中で、我々の目的地がネムルート・ダゥであることを知った運転手は、オトガルから直接アドゥヤマンに行くバスはないと言い出した。一度ウルファに寄ってからアドゥヤマン行きのバスを見つけなければならないというのだ。なぜかというと、ネムルート・ダゥの南側にはアタチュルク湖という広大なダム湖があり、これを迂回するコースを取らざるを得ないようであった。

ぼくたちは、その翌々日に地中海沿岸のアンタクヤ（ハタイ）からアンタルヤ行きの飛行機便を予約していたので、その日のうちにネムルートに登ってしまいたいと考えていた。ウルファに立ち寄るとネムルート行きは翌日になる可能性がある。そうなると、アンタクヤにはただ移動するだけという強行軍になる恐れがあった。

運転手は私たちの足元を見透かしてか、自分のタクシーなら三時間ほどでネムルート・ダゥまで行ける、二百ドルでどうだ、と持ちかけてきた。

ぼくはちょっと躊躇《ちゅうちょ》したが、その日の三時間後にはネムルートに着けるというのは大きな魅力であった。そこで値段交渉をしてみると、途中、湖を渡るフェリーを使わなければならないので百八十ドルは欲しいという運転手を抑えて、百六十ドルで交渉が成立した。ネムルートからの帰りの足が心配だったが、ネムルート・ダゥから最も近い、ドルムシュ（小型バス）の拾える町で降ろしてくれる、という約束をとりつけた。

タクシーはシベレクという町を抜け、やがて湖のほとりのフェリー乗り場に着いた。フェリーが出発する時間まで少し間があったので待機していると、運転手が近づいてきて、「たいへん申し訳ないがここでタクシーを乗り換えてくれ。ここからは地元のタクシーがネムルートまであなたたちを運んでくれる。料金は百六十ドルで結構だ。私が次のタクシーに百六十ドルの中から料金を支払うから」と言い出した。

これはぼくたちにとっては青天の霹靂《へきれき》の事態だった。観光客を騙《だま》すトルコタクシーの新

シベレクのフェリー乗り場。ヒツジたちも乗りこもうと待機している。

にたたずんで、ダム湖の風景を眺めていた。なにやら賑やかな鳴き声がすると思ったら、のどかさを象徴するように、羊の一群が近づいてきて、桟橋の陽の当たる場所にたむろしてしまった。羊はヤギ亜科の動物なので、ヤギと同様に、甘くてなぜか鼻につく嫌味な臭気が、私の身体中に纏わり

たな手口かもしれないと警戒心もわきあがり、うっかりと同意することはできないと思い、そこでまた執拗に交渉が始まった。次にわれわれを引き継ぐというタクシーのドライバーも含め四人で船着き場のテーブルを囲み、あれやこれやの問題を持ち出して話し合いが始まった。

次の運転手は、フェリー代を肩代わりするのが嫌だからここまでの運転手と値段交渉をしている。我々は、帰りの足が心配だから、ネムルート・ダゥからちゃんとドルムシュの拾えるところまで送ってくれることを確認させようとする。何だかんだと言いながらなんとか交渉は成立して、ぼくたちは、ここまでのタクシー運転手に百六十ドルを支払うと、彼は次の運転手に六十ドルを手渡した。それが妥当な値段なのかどうかは、ぼくには知る由もなかった。

フェリーは、狭隘《きょうあい》な谷に細く広がった湖を二十分くらい航行し、小さな船着場に接岸した。

そして、タクシーは人家もまばらな山の谷や山腹を約一時間ほど走った後、念願のネムルート・ダゥ登山口に到着した。

二千メートル高地の陵墓

トルコ共和国の国土の約九十パーセントは小アジア半島にあり、残りの十パーセントだけがヨーロッパ側のバルカン半島にある。小アジア半島はトルコ語でアナトリアと呼ばれ、エーゲ海側を西アナトリア、黒海側を北アナトリア、首都のあるアンカラを中心とした地域を中央アナトリア、そして、東のイラン側を東アナトリアと呼ぶ。ネムルート・ダゥは、東アナトリアのアドゥヤマンとディヤルバクル北側に東西にのびる、ギュネイドウトロスラル高原の山中にある。またこの山岳地帯はユーフラテス川の源流域で、その南にはアタチュルク湖という巨大な人工湖が広がっている。

ぼくたちがネムルート・ダゥの登山口に着いたのは十二時半ごろであった。

つくのではないかと警戒したが、それは杞憂に終わった。羊の脂はとってもくさいのに、生きている羊は、これっぽっちも臭わないなんて、自分の臭気判別能力が失われてしまったのかと、疑われるほど意外な事実だった。

ディヤルバクルからフェリー乗り場まで運んでくれた運転手と山﨑。

フェリーを下りてからそこまでは、タクシーで約一時間くらいかかった。山間の谷ぞいの道を進み、どんどん標高が高くなっていくのがわかったが、タクシーが着いた地点は標高で約二千メートルはあると思われた。そこから東南方向を見渡すと山並が眼下に見えるので、相当高い位置にあるにちがいない。ネムルート・ダゥの標高は二千百五十メートルあり、登山口からはまだ相当の距離を徒歩で登らなければならなかった。

世界遺産の登録年は一九八七年で、すでに二十年以上も経っているせいか、保全のためと観光客を受け入れる態勢は整っているようにみえた。登山道はきれいに整備されていて、スニーカーでも楽に登っていくことができた。登山道は、それこそ木一本も生えていない殺伐とした石畳の道であったが、棘を全身にまとった丈の低い白緑の植物が、へばりつくように山の斜面に生えていた。

ぼくらは左に山腹を、右に山並を見ながら登山道を進んでいったが、やがて左手の山の斜面は拳ほどの礫《こいし》で埋め尽くされたものに変わり、そして広いテラスに出た。山の東側のテラスであった。

そこから山側を見ると整然と並べられたライオンなどの動物や人物をかたどった彫像があった。また谷側には、儀式のためであろうか、一メートルほどの高さの平らなテラスがあった。

テラスから山を見上げると、円錐のように直線の稜線をもった山嶺が紺碧の空に映えていた。彫像の前、そして山の裾にはロープが張り渡されていて、そこから先が立ち入り禁止域であることを示していた。

ぼくと村上さんは思い思いに気に入った方向にカメラのレンズを向けて、その山頂の奇妙な光景を撮影していた。そのときである。とつぜんにサイレンが辺りの静寂を切り裂いた。何ごとかとその場で立ちすくんでいると、山腹の下方にある小屋から人が飛び出してきて、ぼくらの方に向かって何か叫んでいる。その指さす方向には村上さんがいた。村上さんの立ち位置を見ると、彼は張りわたされたロープの内側にいた。ロープといっても厳重に立

ロカンタに引っこんでいたおっさん運転手が、何やら山﨑さんと話をしている。山﨑さんによるとおっさん運転手は、ここから別のタクシーに乗り換えて、ネムルート・ダゥに向かうよう提案しているらしい。

理由はおっさん運転手の車では、ネムルート・ダゥの急坂は登れないかもしれないからとのことで、結局ロカンタにいた若いあんちゃん運転手のタクシーに乗換えることになった。フェリーの航行を二五分ほど楽しんだ後は、ユーフラテス川を離れて、一路ネムルート・ダゥまでのロングディスタンスドライブだ。

不思議な光景のネムルート・ダゥ

初めて見たネムルート・ダゥは、私の感性では、まったく予測不可能な不思議な光景だった。標高二千百メートル付近には、ギリシャやペルシァ神話に出てくる神像や、レリーフをほどこされた石版が、数多く祀られていた。そしてその頂上部にむかって、明らかに人の手で積み上げられたと思われる、拳～赤ちゃんの頭くらいの大きさの石

ち入りを制限しているようなものではなく、地面から膝の高さくらいにゆるく張られたものである。村上さんはどうやらそれをひょいとまたいで、進入禁止区域の内側に入ってしまったらしいのである。あわてて彼はそこから退去したが、それ以上のおとがめがなかったのが幸いであった。相手は世界遺産である。いかな言い訳上手の村上さんでも、こればっかりは申し開きようがなかったにちがいない。

西側にまわってみると、そこにもテラス状になった地面の上に何体もの彫像の頭部だけが西の山並を凝視していた。

二千メートルもの高地に、その山の頂上部さえ人工物と推定される、周囲に巨大な彫像が並ぶさまは、訪れる観光客に不思議な空間を提供してくれているようであった。

ネムルート遺跡は、紀元前の数世紀間、シリア北部とユーフラテス川沿いの一帯を支配していたコンマゲネ王国の王アンティオコス一世の陵墓と考えられている。頂上の、礫を積み上げた塚は五十メートルもの高さがある。

二千年以上もむかしに、このような墓を人里はなれた高地に造った人々の文化はどのようなものであったのだろうと想像をたくましくしてみても、ぼくの貧相な頭にはこれといったイメージは浮かばなかった。残念である。しかし、円錐状の陵墓をより際立たせている紺碧といおうか濃紺の空が強く印象にのこった。

ネムルート・ダゥ遺跡に関わる歴史

ユーフラテス川の源流域では、紀元前千年以前にはクムフと呼ばれる都市的な共同体があったと考えられている。時代が下って古代ローマ時代にこの地域にはコンマゲネ王国が成立していた。その首都はサモサタと呼ばれていたが、現在はネムルート・ダゥの南にできたアタチュルク湖の湖底に深く沈んでいる。サモサタばかりかコンマゲネ王国に至るまでの多くの遺跡がいまや湖の底に眠っていて、かつてこの地域にどのような文化が花開い

が、高さ五十五メートルほどの、きれいな円錐体状に積み上げられていた。コンマゲネ王国のアンティオコス一世の墓所らしいが、二メートルを超える王の座像も見られた。当時（紀元前六二年ころ）のアンティオコス一世の、無尽蔵な労働力の投入を可能にする、強大な勢力がうかがい知れて、驚嘆せざるを得なかった。高さ五十五メートルの石の山は、ロープが張られ立ち入り禁止の制限がされているようだった。私はレリーフをほどこした石版の裏面の写真が撮りたくて、ロープ伝いに石版の裏に回りこんでいった。すると突然甲高い笛の音が鳴り、斜面の下方から屈強そうな世界遺産の監視人であろう男が、「キープ・アウト!」と叫びながら、駆け上がってくるのがみえた。ロープの外側をロープ伝いに移動しているので、私に非はないはずなのだが、剣幕に押されて、「ソーリー」と答えて即退散した。ネムルート・ダゥの石の山は、盗掘防止の目的で積まれたという説が有力らしいが、崩落の危険性が大なのと、発掘後の復元が物理的に不可能に近いことを理由に、発掘はいまだになされていない。アン

ネムルート・ダウ（標高 2150m）のトップは人工の山で、アンティオコス１世の陵墓である。

上の左の像は、アンティオコス１世自身をかたどったもの。その右はコンマゲネである。

東西にテラスがあり、上は西側テラス。2000メートル級の山々を見渡せるので、壮観である。

古墳は、人間のこぶし大の礫を積み上げて出来ている。玄室がどこにあるかはいまだに判っていない。

現在は彫像の頭部だけが地面に置かれているが、かつては台座に載った全身像の上にあった。

ていたのかを探ることを困難にしているようである。

コンマゲネ王国は、紀元前一六二年から紀元七二年にシリア北部からユーフラテス川の源流域を支配していて、セレウコス朝シリアやローマ帝国からは半独立国家として認められていた。コンマゲネ王国を紀元前六九年から同三四年まで率いたのがアンティオコス一世である。

アンティオコス一世は、自分をアケメネス朝ペルシャのダレイオス（ダリウス）一世の子孫と考えていたようだ。またこれは理解に苦しむところだが、同時にマケドニアのアレクサンドロス大王の子孫でもあると主張していたらしい。

自分の出自をなぜこのように言い張るのかは、コンマゲネ王国の微妙な立ち位置と関係がありそうだ。ペルシャ帝国、セレウコス朝シリアに挟まれながら国を維持していかなければならないということを考えれば、あるときはペルシャにすり寄り、またあるときはシリアにすり寄るということが必要だったに違いない。だから、このネムルート・ダゥの彫像には、ペルシャとギリシャ文化の影響を受けているものがある。一つひとつの彫像の前に立つと、ああこれはギリシャ風だなとか、この動物はペルシャスタイルかなどと納得させられる。

しかし、陵墓を山の頂上につくるという発想はどこから生まれたものなのだろう。エジプトやアステカ、マヤ、インカ、中国など多くの王朝の支配者の陵墓で、アンティオコス一世のような例は聞いたことがない。

考古学的な調査が始まったのは一九五三年以後のようだ。因みにここが発見されたのは一八八一年とのことである。


ティオコス一世は、自分の墓所を盗掘されたくないという、魂の根源を揺さぶるような強烈な思いから、墓所の上に高さ五十五メートルにも及ぶ石の山を築かせたのであろう。

現代の科学の力を駆使しても、いまだに発掘の糸口さえつかめないという現実に直面するなら、その神秘性に驚嘆し、二千百五十メートルの高地ネムルート・ダゥに、永遠のロマンを感じずにはいられなかった。

東アナトリア縦断を完遂

バックパッカーの泣きどころは、計画通りに足を確保できないことにつきるのだが、運と執念でミッシングリンクをつなぎあわせてしまった。

アンタクヤまでの弾丸ツアー

ネムルート・ダゥの見学を終えたときは、午後一時をかなり過ぎていた。フェリー乗り場からここまで運んでくれたタクシーは、ちゃんと私たちの下山を待っていてくれた。ネムルート登山口まで運行しているというドルムシュにはまったく出会わなかったので、タクシー運転手に、見学を終えたあとドルムシュを拾える場所まで送ってくれるという約束をさせておいて、正解だったと思った。

そんなわけで、ぼくたちの下山を待っていてくれたタクシーの運転手には感謝の気持ちで一杯だった。

麓のナーリンジェという村で昼食を済ませたぼくたちは、幹線道路と思われる道の見通しがきくだだっぴろいところで、とつぜんにタクシーを下車することになった。あたりに人家はなく、ドルムシュの停留所らしき表示もない。

運転手はここが約束の最終地点だと身振りで言うので、ぼくはそこで待っていればドルムシュが来るんだなと確認をした。彼は英語がほとんど話せなかったが、そうだとうなずくので、ぼくらは、仕方がない、最初の約束だからここでバスを待つことにしようと荷物

ちょっとヤバい出来事

突然、あんちゃん運転手のハジが、何の変哲もない山間の辺鄙な路肩に車を寄せて、降りろというような身振り手振りをする。山﨑さんによると、ここでタクシーを降りて待っていればドルムシュが来るから、それに乗れといっているようだとのことであった。しぶしぶ、降りてはみたが、ドルムシュが停車しそうな看板すらない。もし二人が行き倒れ状態にでもなったときの、原因究明の証拠を残そうと、ハジの車をカメラに収めた。二人きりになって、私はタクシーを安易に降りてしまったことに、深く後悔していた。おそらく山﨑さんも後悔

を下ろし始めた。少し戸惑いながらタクシーの外に出たとき、運転手は携帯電話を突きつけて、これで話をしろと言う。電話を取ると、相手はタクシー会社のオペレータであった。話の内容をかいつまむと、そこから最も近くて大きな都市アドゥヤマンまで百ドルで運んであげるがどうか、ということだった。

してやられたと、ぼくは村上さんと顔を見合わせた。最初から運ちゃんの狙いはこれだったのだ。しかし、仮にその申し出を断ってそこでドルムシュを待つにしても、ほんとうにバスが来るかどうかも定かではなかった。のるかそるかだ、アドゥヤマンまで行けば、その日のうちにアンタクヤ（ハタイ）まで行くバスがつかまるかもしれないと踏ん切りをつけ、またまた値段交渉を始めることになった。運ちゃんは湖の向こう側まで帰るためのフェリー代を考慮してくれと主張していたが、結局、八十ドルでアドゥヤマンまで運んでくれることになった。

この交渉が成立したときに、我々の道はハタイまでつながったことを確信した。

ぼくは思わず「私の前に道がある」とうなった。

行き当たりばったりの少々無謀な東アナトリア縦走ツアーが、イラン・トルコ国境から地中海の「アンティオキア」（ハタイ）まで一本の筋でつながった瞬間だった。

アドゥヤマンに着いたのは陽が傾いた夕暮れどきであったが、かろうじてそこからガジアンテプ行きのドルムシュに乗り換えることができた。さらにガジアンテプの大きなオトガルで、ハタイ行きのバスをつかまえた。五十人以上は乗れる大型バスであったが、乗客はぼくらを含めて十人足らずだった。ハタイには深夜の一時ごろに着いた。名前だけを知っていたホテル「サライ」に飛びこむと、幸いに受付に人がいて、すんなり泊まることができた。オロンテス川沿いの小さなホテルである。

ネムルートからの破天荒なツアーを振り返る暇もなく、ぼくたちは国境の町のベッドにぼろ雑巾のように体を埋めた。

していたに違いない。しばらくしてハジがもどってきた。私たちの余りに見事な降りっぷり（騙されっぷり？）に、ハジも面喰らい、私たちの行く末を案じて、もどってきたのかもしれないし、これから先の運賃交渉を有利にすすめるための、手練手管だったのかもしれない。私はこのとき、いくらお金をだしてでも、このタクシーでガジアンテプまで行くべきだと、強く感じていた。山﨑さんもそのように感じていた様子で、運賃交渉を始めることになった。

ハジが携帯で英語が話せるタクシー会社の営業マンを探し、山﨑さんとこの営業マンがアドゥヤマンまでの運賃を決め、その結果を営業マンがハジに伝えるという、回りくどい方法をとったことは、辺鄙な異郷の地に来ていることを、いやがうえにも実感することとなった。

交渉は成立し、ハジは順調に車を転がし、陽もとっぷりと暮れるころ、アドゥヤマンに着き、さらにそこからドルムシュでガジアンテプのオトガルに滑りこんだ。幸いアンタクヤ行の長距離バスに間に合った。

地中海東の果て「アンティオキア」を歩く

聖ペテロが潜伏し、十字軍が支配した町は、もはや歴史を彩った面影を失っていた。かつて、アレクサンドリア、エフェソス、カルタゴとともに地中海の華を競った町に変わらず名をとどめているのは、オロンテス川とダフネの泉だった。

世界史の町「アンティオキア」

ぼくが初めてトルコへ来たのは、一九八九年でそのころトルコへ行く日本人はよほどの変わり者だった。トルコと聞くと風俗施設を思い浮かべる人が多い時代だった。それが変化していまではトルコ旅行はあこがれの目的地になっている。世界遺産が多いのでそれらを巡るツアーが人気となっている。しかし、これほどトルコ各地への旅行が人気になっていても、地中海の東にあるアンタクヤ（ハタイ県）を旅行先に選ぶ日本人は少ないだろう。

でも西洋史に少しでも興味のある人なら、この地が古来から栄えた「アンティオキア」

一一月七日、アンタクヤ、サライホテル

サライホテルは、シャワーの温度が高く、そのうえ湯量も多かった。たったそれだけが取り柄のホテルだが、それがとても嬉しい。簡単なビュッフェスタイルの朝食のときに、コップの水を美味そうに飲む彼を見てしまった。ア〜も、ウ〜もなく、飲み干した山﨑さんは、私の心配をよそに、大丈夫ですょと言いきったのだが、大丈夫の根拠についていっさい触れなかったことは、とても気になった。

閑話休題（その三）

私は二〇〇一年末に胃癌と診断され、翌年早々の、一月一六日に「胃の全摘出手術」を受けた。想定外の事態が発生すると、落ちこんだり、悲観的な考え方に陥ったりしがちなのだが、能天気な私は、この手術のお蔭で、イスラムの大地を踏みしめているいまの自分が存在するのだと、前向きに考えるようにしている。全摘手術を受けて以降、私の心に大きな精神的な変化が生じた。私は幼いころから今日に至るまでの間、何の不自由もなく過ごしてきたと思っ

であることはご存知にちがいない。

アンティオキアは、アレクサンドロス大王の東征後、セレウコス朝シリアの首都として栄え、ローマ帝国時代は東部属領の中心地となった。ローマの東西分割後はシリアの首都で、政治・商業の中心地であった。また、キリスト教が国教化され、ニケーアの宗教会議で正教（オーソドックス）が勝利すると、アンティオキアに、コンスタンチノープル、ローマ、アレクサンドリアとともに主教座が置かれた。そしてキリスト教の聖地エルサレム巡礼の途上にあるので、ヨーロッパからの巡礼者を集めていたが、十字軍時代になるとその攻撃を受けてアンティオキア公国を建てられたこともある。その後オスマントルコによって支配されるまでは、つねに西アジアの歴史ドラマを彩ってきたのがアンティオキアである。

ぼくは三十代にギボンの『ローマ帝国衰亡史』を読んでから、アンティオキアを一度は訪れてみたいと思っていた。二〇〇〇年にシリアのアレッポまで来たとき、そこからアンタクヤに陸路で入ることを計画したのだが、当日の朝、寝過ごして国境越え

ているし、これからも、それが続くことを切に願っている。この事実は、偏《ひとえ》に「いまは亡き両親と、いまも元気な家内の苦労と愛情」の賜物なのだろうと、ひたすら平身低頭して、感謝している。

しかし胃の全摘手術を境に、私自身が自制の努力を求められるようになってしまったのは、ぐうたら生活が、人一倍得意な私にとっては、とても不自由で辛気臭いほど残念なことだった。胃が無いということは、食物の質と量に自分の身体が素直に、あるいは直情的に反応するということなのだと思い知った。

つまり自分の身体には、溜めがないのだ。自分の身体に対して良からぬものは、さっさと体外に排出（不随意筋のように自分の意思ではまったくコントロールが効かない）しようという、とても厄介《やっかい》な自己防衛能力を身につけてしまったのだ。だから私は、外国では生水は、一切口にしないことにしている。外国ではホットコーヒーは飲むが、アイスコーヒーは絶対に飲まない。使われている氷の、もとの水の履歴が心配なのだ。煮沸した水から氷を作っているとは、思えない国が多いのだから。

しかし我が家内は、おそろしいことに、こういった私の見解に真っ向から反論するのだ。そのむかし、家内は寡黙にして従順だったのだが、月日の経過とはおそろしいもので、彼女は、胃がないということが、少しの危害（ここでは細菌などの害）に対して、過敏に反応することに繋がるのなら、かえって致命的な大事には至らないのではないかという、きわめて大胆な仮説を私に押し付けてくる。つまり五体満足な人と同じ食生活をしていて、少々鮮度の劣る食材を口にしたとしても、私なら致命的なダメージに至ることなく、軽微なダメージだけでやり過ごせてしまうという、実に好都合な体質に変化したのだと宣うのだ。もっとわかりやすくいえば、下痢くらいはしても、寝こむほど重大なことにはならないでしょと仰《おっしゃ》る。その果てに、今日は冷蔵庫内の整理をするから、賞味期限切れの食品があったら、私の仮説を検証してみてね、だと。これはたまらぬと、こんなときはさっさと自分の部屋に逃げこんで、釣り道具の整理でもすることにしている。

のバスに乗り遅れてしまい、夢を実現することができなかった。そんなこともあったので、今回の旅行では東アナトリア縦断の終点としてアンタクヤを選んだのである。

　歴史の舞台から退場したアンティオキア（アンタクヤ）には、特段に見るべき遺跡はないということはわかっていた。十字軍時代に街を取り囲んでいた城壁もいまはない。しかし二千年もの間歴史の中心となっていた場所はどんな地勢を持っているのか、ペテロが訪れた教会はあるのか、十字軍が蹂躙した街の雰囲気は残っているのか、確かめたいと思っていた。

　ぼくらが最初に向かったのは、町の東側の山の断崖にある岩窟教会であった。聖ペテロやパウロがキリスト教布教のために訪れていたことで知られている。新約聖書にはペテロが異邦人とともに食卓を囲んでいたことが書かれている。断崖にうがたれた大きくはない石室のなかで、ぼくはここがその場所なんだろうかと考えていた。

　岩窟教会は入場料をとって公開されていたが、警備のスタッフはイスラム教徒のトルコ人と思われ、観光客に対してまったく

　軽微なダメージで済ませているうちは、重大なダメージをこうむることはないという、家内の考え方も一理はある気もするのだが、なぜか釈然としない。軽微であろうと重大であろうと、ダメージを受けること自体を避けたいという思いが、自分の身は自分で守れという、単純な行動規範につながっていく…これが重要なのだと思うのである。私が外国では生水をいっさい口にしないもう一つの理由は、下痢という症状に一発で効く薬に、現状では巡りあっていないからである。

　一九六〇年代半ばころ、私はちょうど食べ盛りの年齢をむかえていた。あるとき母が、阪神百貨店の地下でたこ焼き一折三十個入りを三折買ってきた。私は小躍りして、一人で二折平らげたのだが、案の定下痢の症状をおこしてしまった。しかし当時の私には、強力な助っ人があった。その名を「エンテロビオフォルム（チバガイギー社製下痢止め薬）」という。この薬を一錠飲めば、早ければ十五分後に、遅くとも三十分後には、下痢はぴたりと止まったのだった。しかし残念なことに、この薬は一九七〇年ころのスモン病薬害の犯人として、キノフォルムとともに製造・販売ともに中止となってしまった。正露丸のような当たりさわりのない薬とは薬効は段違いで、比較対象にすべきでないほどだった。外出中に下痢の症状を呈するのは、不便・不快このうえないものである。それが外国での発症となると、筆舌につくし難いほどの不便・不快さで、まさに壺《つぼ》に嵌《はま》った思いになる。特効薬がない現状では、ひたすら発症回避の努力に傾注するに越したことはないと思っている。

日本恋しの兆候が表れた？

　アンタクヤの街の中心部のロータリーのすぐ横を流れるオロンテス川に架かるアルバース橋で、五～六人の男たちが釣りをしている。川の水は汚水のように濁り、水量もそう多いとはいえない。少しばかり釣りの心得がある人なら、けっして竿を出そうとは思わないような

愛想がなかった。入り口の外では、現地の少年が親切に周辺の史跡を案内してくれて、スタッフとの落差の大きさが目立った。

オロンテス川

ぼくらが宿泊したホテルは、アンタクヤの旧市街にあった。旧市街と新市街を分けているのが、オロンテス川である。ホテルを出るとすぐ目の前にオロンテス川があり、そこにかかる橋をわたると左側に考古学博物館があった。前夜飛びこんだホテル「サライ」は、新・旧市街のほぼ真ん中にあることがわかった。

オロンテス川にかかる橋のたもとでは、川面からかなりの高さがあるにもかかわらず、大勢の人が釣り糸をたれていた。しばらくその様子を見ていると、ナマズのような魚を上手に釣り上げていた。釣った魚は、水が入っていない魚篭《びく》に入れている。折り重なるように数匹の魚がとぐろをまいていた。

しばらく釣りを見ていて気がついたが、針にはエサらしきものがついていない。ウ

状況下なのだが、アンタクヤの男たちは、熱心に竿を上下させている。奇妙な竿さばきだ。

さて、どんな魚が釣れるのだろうか。まず釣れないだろうと確信しつつ、十五分間だけ釣りの顛末を確認することにした。すると魚がなぜか横を向いて釣れてきた。三本碇《いかり》針でのひっかけ釣りだった。魚は二十五センチほどで一見してナマズとわかった。しかし汚水をも思わせるオロンテス川のナマズを釣り上げて、いったいどうするつもりなのだろうか。

ナマズいじめの釣り見学の後は、モザイク美術館に行ってみた。

本日は日曜日につき、八トルコリラの入場料が無料だった。日本の公的な美術館では、補助金が少ないせいか、年々入場料が高騰する傾向にある気がする。美術館側もその辺はよく考えていて、常設展と企画展の二本立てで料金設定しているところが多い。常設展の入場料は低価格に抑え、企画展でがっぽり稼ぐ作戦のようだ。世界経済のなかで翻弄され続ける日本経済の脆弱さが、国民の懐《ふところ》具合に影響しているのだ。国民は豊かな暮らしの実現を願っており、豊かな暮らしの判断基準は個人・家庭によって異なるのだが、日々そのハードルを変化させていく。暮らし向きが悪くなれば、当然、不要不急の出費は削減の対象にならざるを得ない。文化・趣味・娯楽（価値観により順番は入れ替わるが…）などの費用は、真っ先に削減の対象になることだろう。大阪フィルハーモニー管弦楽団や、古典芸能の文楽への補助金削減などは、若者たちの将来に、重要な役割を果たすであろう「知的洗練さ加減」の後退につながっていくのではないかと、大いに危惧・懸念する。トルコというあまり経済的には豊かではなさそうな国が、美術館の入場料無料デイを実現できているのに、なにゆえ日本では文化的事業への補助金削減が話題になるのだろうか?

さて、モザイク美術館のモザイク画は、近くで見ると、まさに何がなんだかわからない。「I don't know what's what.」と、叫んでしまうような代物なのだが、遠望するとなかなかの緻密さと、格調高さを併せ持った芸術品群だった。

私のテニス仲間に、モザイク画ならぬ紙縒《こよ》り画（私が勝手に命名した）を趣味でやってい

キもない。どうしてこんな仕掛けで魚を釣りあげることができるのかと、不思議に思うばかりだった。

オロンテス川は古名で、現在はアシ川と呼ばれている。その源流はレバノンのベカー平原である。アンタクヤからオロンテス川の上流をたどっていくと、蛇行をくりかえし、シリアとの国境を形成したのち、シリアのハマーやホムスを通ってアンチレバノン山脈の西側の谷に達している。ハマーでは、有名な大水車の牽引をしているほどに水量は豊かである。

オロンテス川沿いを散策していておどろいたが、旧市街側からの堰堤からかなりの

岩窟教会。峻険な崖の中腹にある。

る池渕志郎さんがいる。紙縒り画とは、細かく断裁した包装紙や新聞の折りこみチラシを撚《よ》って、直径二ミリほどの細いパイプ状の紙縒りをつくり、画紙全面にその紙縒りを貼り付けて、自分の表現世界を実現していくアートだ。もう少しわかりやすくいうと、二〇世紀初頭前後に流行った、新印象派の点描画に類似した点々重ねではなく、紙縒りの曲面を使った立体表現法なのだと私は理解しているが、逆に理解し難くなってしまったか？ 池渕さんの頭の中にあるきわめてリアルな構図に、色彩と立体陰影の組み合わせがマッチした紙縒りを、ピンセットでひたすら貼り付ける作業が黙々と続くはずなのだが、そこで必要な才能とは、直径わずか二ミリという紙縒りの曲面を鳥瞰図的視線で見きわめて、脳内にあるリアルな色彩感覚にあわせて、紙縒りを選択し貼り付けて絵柄を構成するという、感性と集中力が要求される（裏を返せば私にはまったく無縁の）表現世界なのだ。画材としての紙縒りは、包装紙や広告の紙なのだから、必要と思うときに欲しいデザインや色彩の包装紙や新聞チラシが手に入る訳ではない。そんな不便で不自由なところが、実は面白いのだと池渕さんは言うが、私にはまったく理解できない境地だ。モザイク画群を遠望しながら、ふと池渕さんを思いだしたのは、日本恋しの兆候だったのかもしれない。わずか一時間半ほどの見学だったが、心地よい時間を過ごせた。

山﨑さんはペトロ岩窟教会～ダフネの泉…と回りたいらしく、観光案内所探しに執念を燃やしている様子なのだが、見つかる気配がまったくない。ようやく市内バス十九番か十五番で行けるとわかったのだが、待てど暮らせど今度はバスが来ない。結局痺《しび》れを切らしてタクシーで行くことにした。ペトロの岩窟教会も、有り難いことに日曜日なので、入場無料だった。ただ昼休み（一二時～一三時）は完全クローズドなので、三十分間待つ羽目になったが贅沢はいえない。

ペトロ岩窟教会とは、初期キリスト教時代に迫害を受けた信者たちが、使徒ペトロに導かれてこの岩洞窟に隠れ住んだとされ、ヴァチカンから聖地のお墨つきを得た地である。この地を訪れるキリスト教徒なら、だれもが一様に魂の根源に迫るよ

水量の水が滝のように流れこんでいた。アンタクヤからレバノンまではたしかに山岳地帯があるが、これほど豊富な水があるとは意外であった。

オロンテス川は、歴史の波に翻弄されつづけてきたシリア・パレスチナ地域の目撃者でもある。紀元前一二八五年に起きた、エジプトのラムセス二世とヒッタイト帝国の戦争「カデシュの戦い」はオロンテス川沿いのカデシュという町付近が舞台だった。

七世紀には、オロンテス川をはさんで、アンティオキアでイスラム帝国と東ローマ帝国が対峙し、ついにはアンティオキアがイスラムの手に落ちるという画期的な出来事もあった。

オロンテスの川辺に立つと、歴史の流れに身を任せているような奇妙な心地よい感覚におそわれるのだった。

ダフネの泉

ダフネは古来からヨーロッパでたくさんの音楽や絵画彫刻、文学のテーマとなって、観賞する人々の想像力をかきたててきた。

うな何かを感じたに違いないと思われた。キリスト教に対する信仰も学識もない私でさえもが、この岩窟教会の醸す異様な雰囲気に、鳥肌がたつ思いをしたのは、実に不思議な体験だった。

ダフネはダフニスか?

つづいて待たせておいたタクシーでダフネの泉へ。

ダフネといえばギリシャ語でなら、ダフニと発音するはずだと勝手に決めつけて、モーリス・ラヴェルのバレー組曲「ダフニスとクロエ」を連想してしまった。

この曲は、一九六四年春に大阪のフェスティバルホールで、パリ音楽院管弦楽団を率いた、アンドレ・クリュイタンスの指揮で聴いたことがある。この来日演奏でクリュイタンスの日本での名声が、一気に定着したといっても過言ではないほどの名演だった。私の記憶では、彼の発する今まで聴いたこともないような音色・音質が、あたかも葛折《つづらおり》の状態となって、これがフランス流のエレガンスだと、溢れでてきて聴く者を凌駕するのだった。まさにクリュイタンスのラヴェルは、私の心の奥底に深く刻まれた、音の玉手箱のような、記憶のひとつなのだ。

国こそ違え、ダフネの泉という名前から、ニンフ（妖精）が遊ぶにふさわしい風景を連想していたが、水量が少なくちょっと貧相な楽園という印象だった。『地球の歩き方』にも水量が減少してしまい、楽園の魅力は半減したと書いてあった。楽園にも栄枯盛衰が存在するのだ。確かに水量の減少は、お土産屋やロカンタの経営を直撃するので、地域全体が水のせせらぎを創出することに躍起になっている様子が窺えた。

ダフネの泉らしき池の周辺で食事を摂る。チキン1／2のフライとトラウト（川鱒らしい）のグリルを食べる。ついでにエフェスビールもたのんだ。池のアヒルがおこぼれをねだるので、サラダの切れ端やトラウトの骨をやると、すぐに食べきってまたねだりにくる。今度はトラウトの頭をやったら、一気に飲みこんでしまった。こいつは調子が悪くなるんじゃない

ギリシャ神話に登場する神々の一つ、アポロンに求愛されて拒みつづけ、ついには月桂樹となってしまったというダフネ。そのダフネに由来するのかアンタクヤには、ダフネという地名があり、そこはまた清冽な泉が湧き出ることで知られてきた。

「ダフネの泉」はたびたび叙情詩などに詠われている。ニンフや美女がダフネの泉で水浴びをするシーンを思い浮かべては、ぼくは一度でいいからダフネの泉を訪ねてみたいという思いを強くしていた。トルコを訪ねる日本人旅行者のうちアンタクヤまで足を伸ばす人は皆無に近いと思うが、ぼくがアンタクヤを訪れてみたいと思い続けてきた理由の一つはこの泉にあった。

きっとオロンテス川の上流にその泉はあるにちがいないと想像していたが、予想に反してそれは下流方向にあった。大体の場所を博物館の職員に教えてもらい、ぼくたちはタクシーでそこに向かったのだが、タクシーはオロンテス川からはどんどん離れて、山側に入っていった。ほんとにこんなところにダフネの泉はあるんだろうかと不安をつのらせていると、やがて緑の木立が

ダフネの泉。岩肌から幾筋もの水流が滝となって池の水面に落ちている。

かと心配したが、そんな心配は無用だった。またもや近くまで寄ってきて、ゲコゲコとねだる。結局チキンもトラウトも半分近くを、アヒルにやってしまった。山﨑さんも同じようにやっていたから、ここのアヒルは私の二倍もチキンとトラウトを喰ったのだ。このアヒルの貪婪《どんらん》な食べっ振りに、若かりしころの自分を見ているような気がして、ちょっと赤面の思いだった。

たちならぶ小さな町に入って、タクシーは停まった。

細い道の両側には、観光客目当ての土産物店が並んでいた。タクシーが停車したところは緩やかな坂の小径で、大きな木の枝が空を覆い、強い日差しをさえぎっていた。かたわらの苔むした石垣からは水がほとばしって道脇の溝に落ちていた。山の斜面にあたるところには、レストランやチャイハネが店を構え、その中に入るといたるところに豊潤な水を引き入れた噴水や池、水路、マスなどの生簀がしつらえてあった。これらの水面には湧水であることを示すむくみがあちこちにあった。

店の人は、かつては倍の湧水量があったがいまは少なくなったと嘆いていた。それでもぼくにはここがダフネの泉と納得するに十分であった。

ニンフの水浴びを見ることは叶わなくても、アヒルやカモが気持ちよさそうに水面を行き来するのをながめながら、緑の木立の下で久しぶりのビールグラスを傾け、村上さんとともに悦に入った。

後日ダフネをギリシャ語では、ダフニスと発音するのかどうか調べていたら、ダフネはギリシャ神話中のアルカディアの河神の娘で、月桂樹の精と化した妖精であり、ダフニスはギリシャ神話中のシチリア地方のハンサムな牧人つまり男性とわかった。ダフネとダフニはまったく別人物とわかった。

シリアとアーモンドの花

このアンタクヤは、のどかで平和な時間がとろとろと流れている印象がある街なのだが、真っ直ぐ東に約六十キロメートル進めば、シリア（正しくはシリア・アラブ共和国）とのボーダー（国境）に突き当たり、ボーダーを越えてさらに約六十キロメートルで、シリア・アサド政権側と反政府勢力が激戦を繰り広げているアレッポの街なのだ。私たちが旅行した二〇一〇年当時は、アサド政権非難の声も表面化しておらず、シリアへの入国ビザさえ取得しておれば、容易に入出国できたと推定される。とても残念なことをしたと思う。山﨑さんは以前シリアを訪れているらしく、シリアに行くならアーモンドの花が咲くころがお薦めだと…。そんな話を聞いたものだから、帰国後に、さっそく家の東側の空き地にアーモンドの苗木を六本植えたところ、四本が無事に根を降ろし、桜が咲くほんの少し前になると、桜によく似た花を咲かせている。夏の終わりころには、アーモンドの実がたわわになるのだが、殻の割り方や焙煎方法がわからず、宝の持ち腐れとなっている。

ロマン香るアンタルヤ

カレイチにある小さなホテルは、トルコ・リゾートにふさわしい居心地のよい宿だった。また、ハーバーからのクルーズが楽しい。

ハタイからアンタルヤへ

アンタルヤは西アナトリアの地中海沿岸にあるリゾート都市だ。おもにヨーロッパやアメリカからの観光客で賑わっている。

アンタルヤ空港には国際線があり、イスタンブールを経由しないで直接ヨーロッパのいくつかの都市から入国できるらしい。ぼくたちは、飛行機でハタイ（アンタクヤ）からアンカラを経由してアンタルヤに移動した。地中海の海岸沿いの道路をバスで移動するというアイデアもあったのだが、たぶん丸一日はバスの中で過ごすことになるだろうと思ったので、移動時間を短縮するために、日本を出発する前にこの便を予約しておいた。

朝七時にハタイ空港を飛び立って、一時間ほどアンカラでトランジットタイムがあった後、アンタルヤに到着したのは午前十時半ごろだった。

アンタルヤは、イズミールに匹敵する大都市である。なぜこの都市がヨーロッパ人に人気があるかというと、周辺にはローマなどの古代遺跡がたくさんあるからである。アスペンドス、ペルゲ、スィデ、アランヤなどへの

空路アンカラ経由でアンタルヤを目指す

起床、四時一五分。昨日予約しておいたタクシーが、時間通りに来るか少々心配したが、きっちり五時前にやってきた。ハタイ空港まで五十七・五トルコリラのメーター。懐《ふところ》のトルコリラ（以下リラと表記）が乏しいので、USドルで支払う。四十二USドル也。ハタイからアンカラまでは、約一時間三十分のフライトだが、ボーイング七三七の最後部席に押しこめられた。私はカッパドキアが見えないかと、目を皿のようにして探したが、見つからなかった。隣で山﨑さんが、見える訳がないだろうと、鼻でせせら笑っている。アンカラでのトランジットタイムは約四十五分。ほぼ定刻の搭乗で、またまた最後部の座席に押しこめられた。ハタイのチェックインカウンターのおばちゃんを恨むことしきりだ。アンタルヤまでのフライト中に、パムッカ

観光の基地として、絶好のポジションにある。

ヨーロッパ人、アメリカ人などは、ギリシャ・ローマの歴史は自分たちの歴史のルーツと考えているので、遺跡ツアーは大変人気があると思われる。ひるがえって日本人はというと、こんなにトルコ旅行ブームになっているのに、アンタルヤがツアーコースに入っていることは皆無である。この傾向は、日本人観光客の「世界遺産観光」偏重に原因があると思われる。世界遺産もいいけどトルコには見るべきところが多い。トルコは世界史上、民族や文明が交差した地域なので、文化遺産は至るところにある。ぼくは、おもにローマ史に興味を持っているので、ローマ史と関連のある遺跡をたどるために地中海周辺を旅してきたが、アンタルヤを訪れた目的もそこにあった。

二〇一七年に初めて開催されたテニスのATPツアー、アンタルヤオープンで、杉田祐一選手が初代チャンピオンに輝いた。ぼくにとっては嬉しいニュースだった。これをきっかけに少しでも多くの日本人がアンタルヤの魅力に気づいてほしい。

カレイチ

アンタルヤの旧市街はカレイチとよばれている。地中海に面しており、港に隣接した五百メートル四方にも満たない狭い区域にすぎない。

ここには、古い造りの家屋が密集していて、街路も網の目のように入り組んでいる。カレイチに入る自動車の数は制限されているらしく、町の入り口数箇所には、車の侵入を阻止するバーを備えた監視所があった。

街のなかにはおしゃれなブティックや絨毯屋、お土産物屋が路地の両側

レが見えるかもしれないと、今度は山﨑さんが、窓に額をおしつけるようにして探すが駄目だった。アンタルヤでは、バッゲージの出が遅く少々心配したが、無事受け取ることができた。

トルコのタクシーは、観光客から情け容赦なくむしり取る

メディテラ・アート・ホテルを目指す。

空港からホテル近くのカレイチまでは、乗り合いバス（ドルムシュだがとても綺麗で清潔な車内だった。さすがに観光地のドルムシュだ）で行くことにした。料金は二人で二十リラだが、十リラしか持ちあわせがなかったので、十リラと十USドルを渡した。運ちゃんはニヤリと笑ってお釣りを一リラくれた。確実に二リラ損をしたようだ。しかしこの運ちゃんは、カレイチ近くで、大声でカレイチ、カレイチと二度も叫んでくれたので、無事に下車することができた。二リラは、叫び代だったのかもしれない。ドルムシュ下車後は、タクシーでホテルまで行く。メーター料金は九・七五リラだった。トルコリラが不足しているのはわかっていたので、私は七USドルが妥当だろうと思い、金庫番の山﨑さんに、七でいいんじゃぁないのといったら、彼は七リラと勘違いしてトルコリラで支払っている。結局六リラしか持ち合わせていなかったので、七USドルを渡し、六リラを返してもらおうとしたら、二リラしか返してくれな

に並んでいたりして、散歩していてもあちこちに目がいき、楽しい気分にさせてくれる。

ぼくらが泊まったメディテラ・アート・ホテルもカレイチのなかにあって、外側から見ると普通の民家のようにも見えたが、内部はとても居心地のよい素敵なホテルであった。中庭にはプールとレストランのテーブルフロアが同じ階にあり、中二階はオープンテラスになっていてデッキチェアなどが並んでいた。リゾートホテルとしては申し分ない設備と環境である。

カレイチの街路を歩いていると、観光客も多くいるのだが、ざわついた雰囲気はなく、それぞれが落ち着いた様子で街の散策を楽しんでいる風であった。住民と思われる人やアンティーク店の店員などが、静かな笑みをたたえて、店の入り口から通りに顔を向けて佇んでいる様子は、古い町をより際立たせていた。垣根から這い出てくるネコたちもゆとりのある歩調で通り過ぎていく。

駆け抜けてきた東アナトリアの町々とはあまりにも違う雰囲気に接し、ぼくはゆったりした休息感に充たされていくのを覚えた。

ペルゲは広大なローマ都市遺跡

アンタルヤの町を出て東に十五キロほど行ったところにペルゲ遺跡はある。ペルゲはローマの植民都市遺跡であるが、エフェソスと同じくらいの規模を持ったたいへん大きな遺跡である。ペルゲについてわかっていることは、およそ三千二百年前に人が住みはじめ、アレクサンドロス大王が通過したころには「ペルゲ」と呼ばれていたこと、ペルガモン王国の支配を受けた後ローマの植民都市となったこと、原始キリスト教期にはパウロが

かった。トルコのタクシーは、どいつもこいつも、観光客と見れば金をむしり取ろうとする。貧しいバックパッカーからも、容赦なくむしり取る。情け無用にむしり取る。トルコのタクシーは信用できない！

メディテラ・アート・ホテルはこじんまりした佇まいだが、とても上品で瀟洒な感じのするホテルだった。フロントの壁に、このホテルの外観を模した水彩画が掲げられていたのが、とても印象的だった。このホテルの建物としての歴史は古く、オスマン朝時代の建造物を利用し、室内は伝統的な雰囲気を充分に残す造りとなっていて、格調高い雰囲気を醸しだしていた。このホテルは、山﨑さんが二人二泊朝食付きで一万五千七百円で予約してくれた優れものだが、あいにくツインルームではなかった。キングサイズベッドと補助ベッドの組合せ仕様の部屋だった。二泊で一万五千七百円ぽっきりなので、贅沢はいえない。トイレも清潔そうだしバスタブもある。まずは本旅行のトップピックのホテルといって過言ではないだろう。予約してくれた山﨑さんに感謝である。

夕方、アンタルヤ考古学博物館に行く。路面電車代はトルコリラが乏しいなか、私の非常用トイレ小銭から捻出した。ところが到着してみると本日月曜で、博物館は休館日であった。日本では公的な美術館は月曜休館が一般的なのだが、トルコもそうだったとは、少々リサーチ不足だった。夕食はラク（ワインを蒸留しアニスで香りをつけたアル

滞在したことなどである。ぼくは恥ずかしいことに、この遺跡のことをアンタルヤに来るまでほとんど知らなかった。ローマ時代からビザンチン帝国時代を通して、地中海を内海とする地中海沿岸の各都市は、盛況を極めていたことが想像されるが、ペルゲも例外ではなかっただろう。

カレイチのホテルに着いたとき、ぼくたちは翌日の観光のために、ホテルにアスペンドスなどをめぐるパックツアーを申しこんでおいた。次の日、ホテルのロビーで待っているとツアーのスタッフが呼びにきた。用意してくれたワゴン車に乗りこむと、車はカレイチの狭い道をぐるぐる走り回って、客を集めていった。客はぼくらのほかに、フィンランド人夫婦、ニュージーランド人のカップル、そしてフィリピン人の若い女性だった。

ガイドは女性で、ペルゲに着くと入場ゲートを通って左側のローマ浴場跡で一気に説明をし、あとは各自ご自由にどうぞという調子だった。

遺跡を巡って、ぼくはあらためてそこが栄華を極めた都市であることを感じた。

どこのローマ都市遺跡でも、核心にあたるものは「水」であったと認識させられる。ペルゲにもその中心に泉があった。泉からあふれる水を水路に導き、水路を中央において幅の広い列中道路が通っていたのだ。その先には、浴場や体育場、アゴラなどが集中してあることがわかる。近くにはもう一つの泉跡があった。このあたりは古来から豊富な水量に恵まれていたのだろう。前日、クルーズ船に乗って地中海海上からアンタルヤの東部の陸地を見たが、切り立った崖から、いたるところで白い筋の滝が海に落ちているのが見えた。

ペルゲにはこのほか、ローマン・シアター（円形劇場）やヒッポドローム（大競技場）があった。特にヒッポドロームは、往時の形がよくわかるくらい

コール度四十五〜五十パーセントの食前酒）と、スパゲティを楽しみたいと山﨑さんが言いだした。ラクは水割りにすると白く濁るという不思議な酒だが、白い色の液体に嫌悪感を持つ私にとっては、鼻をつく強烈なアニスの香りとともに、けっして好きにはなれぬアルコール類のひとつだ。さらに半年前にイスタンブールで食べたパスタときたら、もう最悪だった。ツアーの客全員が、一口食べて、なんだこの伸び伸びのぐにゃぐにゃは、と言ってフォークを置いてしまうほどの代物だった。

この経験を話し、暗にトルコのパスタは美味しくない可能性が高いよと伝えたのだが、彼は、たまたま運が悪かっただけでしょうと聞き流し、さっさとラク（イェニ・ラク）とスパゲティを注文したのだった。私は無難にエフェスビールとトラウトのグリルを頼んだ。彼は今回の旅行で念願のラクが飲めてご満悦の様子だった。私のエフェスビールも、その喉越しには文句のつけようがなかったし、トラウトのグリルも、大きく期待を裏切ることのない出来栄えで、観光地の料理という位置づけに相応しいものだった。これはこれで満足という評価をしておこう。

ようやく彼の真打のスパゲティが登場した。パスタの茹で方は、少し芯を残したアルデンテが美味しいとされている。しかし私はアルデンテでもノルマーレ（通常の芯がない状態）でも、結構満足できる。要は好みの問題なのだと思う。ただ、半年前のようなモルビド（伸びきった状態）

保存状態がよいと感じた。ぼくはこれまでにティルス（レバノン）、ローマ（イタリア）、ボスラ（シリア）、イスタンブールでヒッポドローム跡を見る機会があった。それらと規模こそ違うものの、ペルゲのヒッポドロームは最も美しいものだった。

トルコの南端でこういうローマ遺跡に出会って、ぼくは気持ちがふわふわとし本当に嬉しくなった。ローマ帝国の姿を知るには、イタリアではなく、トルコなど地中海周辺国を歩けば分かるんじゃないかという、二十年も前の漠然とした予測が、いまや確信に近いものに変わったからだ。

アスペンドスのローマ劇場

ぼくは一九八九年四十二歳のときに、一人で、初めて外国旅行をした。渡航先がトルコだった。その目的は「ローマ遺跡を探る」ことで、それ以来、地中海周辺の国々をまわるうちにいくつものローマン・シアター（円形劇場）を見た。

ペルガモン、エフェソス（以上トルコ）、パルミラ、ボスラ（以上シリア）、ドゥッガ（チュニジア）などでだが、それぞれ往時の姿を伝えるべくよく修復されていた。しかし、アスペンドスのローマン・シアターを見たとき、それまで見た遺跡がかすんでしまうほど、大きなインパクトがあった。大きさもさることながら、美しさについては比類なく、ほぼ完璧に近い状態で保存されていた。ボスラの円形劇場が一番美しいなどと思っていたが、認識ちがいもはなはだしいと恥じ入るしかなかった。

アスペンドスは、アンタルヤから東に四十キロほどのところにある。アクロポリスと呼ばれる小高い丘の山裾を利用して造られており、周辺には

は全く好まない。できたパスタは、一見してアルデンテでないことはすぐにわかった。ノルマーレかとも思ったが、クタ〜ッとした感じはモルビドそのもののようにも思えた。あとは一口、パスタを頬張った山﨑さんの感想に注目するだけだった。「ぼくも運が悪かったみたい！」と呟いたようだったが、フォークを置こうとはせず、注文のスパゲティを完食した。

彼はお米を作ることに執念を燃やしている。そんな彼だからこそ、一年にたった一度しか収穫できない米の生産者として、一年に一度収穫のデュラム小麦を原料とするパスタが、単に茹で過ぎだったからという理由だけで、フォークを置く＝デュラム小麦を冒涜するような真似は、到底できないと考えたのだろう。こんな私の見方を、そのままぶつけてみようかとも思ったが、結局止めることにした。彼のことだから、バツの悪そうな顔をして、頭でも掻きながら、ちょっとおなかがすいていただけですョと、はぐらかすに違いないと思ったからだ。

この日の山﨑さんは上機嫌で、三杯目のラクをあおっている。

ラクにはトルコ式の呑み方があって、水割り用ラクのグラスと、氷専用のグラスを用意し、ラクの水割り（白濁している）を作って口に含み、さらに氷も含んで口の中で両者を割って飲むのだ。この方法は半年前のツアーの添乗員から教えてもらったのだが、水で割ったラクが、さらに口

ペルゲの都市遺跡。列柱が立ち並ぶ光景は壮観である。

アスペンドスの円形劇場。

スィデの通り。円形劇場跡とハーバーをほぼ直線で結んでいる。

アスペンドスの水道橋跡。

水道橋などローマの植民都市には必ずあった施設が遺跡として残っている。しかし、大部分はいまだに発掘が進んでいないようである。見学できたのは劇場のほかには水道橋のみであった。

劇場は、AD二世紀ころの建築で、高さ二十二メートル、幅百メートル、奥行き七十メートル、収容人員は一万三千人という。観光シーズンということもあってか、劇場にはたくさんの観光客が来ていた。

ぼくは舞台がある最下層から最上段の立見席まで、客席の間の石段を登ったが、ところどころに新しい石を使って修復してあるのがわかった。上段に到達したときは、体力に自信があったはずなのに、さすがに息切れがした。

半円形になった立見席の後ろは、アーチ構造になった通路となっていて、そのどこに立っても劇場全体を見渡すことができ、高揚した気分にさせてくれた。

豊かな農業地帯

アスペンドスの遺跡を巡っているときに、ぼくらの乗ったワゴンはやたら細い農道をくねくねと通った。遺跡そのものが、荒れ野みたいなところにあるからそうなったのだろうと思うが、実はアンタルヤ周辺は豊かな農業地帯になっている。

飛行機でアンタルヤ空港に近づいたとき、上空から見える景色は一風変わっていた。白いシガレットを無造作に散りばめたように、隙間なく細長い白い建物が無限に大地を埋めていたのだ。それらはすべて農業用の栽培ハウスだった。

地中海に近いこともあり、南アナトリアは温暖な気候で農作物の栽培に

の中で薄まり喉や胃に優しいのだ（胃の無い私がラクを飲むときは、もっぱらストレートだが、アニスの香りが得意とはいえず、飲む頻度は少ない）。しかし、私はこのトルコ式ラクの呑み方を、教えなかった。山﨑さんのことだから、こんな話を聞いたら三杯で済ませるところを四杯、五杯とグラスを重ねるに違いないと思ったからだ。ただでさえ、下痢の心配源である生水を摂取するのに、さらに輪を掛けて生水の摂取量を増やす必要はないと思ったから、この呑み方を教えなかったのだ。なかなか感性の異なる人（この場合は、相手が酔払いということ）とうまく付き合うのは、容易なことではないとこのとき思ったが、それはそれでお互い様だと思いなおした。

ホテルに帰って、山﨑さんがバスタブを使っている間、自分の寝床をどこにするかを、真剣に考えた。今回の旅で、彼は横向きに寝る習慣があることは把握できていた。しかも左向きに寝ている時間帯が長いこともある程度把握できていた。つまり彼を右サイドに見るように寝るポジシヨンをとると、恐怖の大鼾に翻弄されることになると、危険予知ができたのだ。キングサイズベッドと補助ベッドしかないので、私は躊躇することなく補助ベッドを選んで、そこを寝座にすることにした。この判断が功を奏したのかどうかはわからないが、いつもの常識外れの大鼾は、この夜ばかりは常識の範疇に収まっていたように感じられた。

は適しているにちがいない。トルコ国内だけでなくヨーロッパへの野菜・果物の供給地になっているのではないかと思う。

アスペンドスの遺跡周辺には牧草地のほかに果樹園が多いことにも気がついた。オレンジやミカンなどの柑橘類がちょうど収穫期なのか枝にたくさんの実をつけていた。

スィデ

「パンとサーカス」がローマ帝国皇帝の人民掌握術だったとはいえ、円形劇場などの娯楽施設をローマやコンスタンチノープルなど主要都市だけでなく、植民都市にも建設していったローマの財政的努力は大変なものであっただろうと想像する。

その円形劇場は、スィデにもあった。

パックツアーの最後の目的地は、スィデという地中海沿岸に展開しているギリシャ・ローマ時代の遺跡だった。アンタルヤから東に七十五キロの距離にあり、海に突き出た小さな半島の上にある。

円形劇場はその半島のちょうど付け根のところにでんと構えていた。

円形劇場は、外観では二層構造に見えたが、入り口から一歩なかに入ると、そこは観客席の中央付近にあたり、眼下はるかにステージ部分が見えた。つまり地表にあたる部分から中華なべの底を掘り下げたような構造になっていた。ステージから観客席の最上階までの高さはかなりある。入り口部分より上の構造物だけで二十メートルの高さがあるとのことなので、その高さは推して知るべしである。

この劇場が建設されたのは、二世紀中ごろのようだ。グレコローマン様

一一月九日　ローマ遺跡のツアーに参加

フィリピーナ一名と、イラン人男性とニュージーランドの女性のペア、さらにはフィンランド人夫婦、そして我々の計七人にトルコ人の女性ガイドというメンバーだった。ガイドの説明はすべて英語だったし、ローマ時代の歴史にもまるで疎い私には、彼女の説明がさっぱり理解できなかったのも、無理からぬことであった。

ペルゲ

ペルゲはローマ帝国時代に栄えた植民地パンフェリアの大都市で、大きな都市が丸ごと遺跡となっていて、とてもすばらしい。山﨑さんからは、マーブル模様の石柱が並んでいるところは、ぜひ写真に収めるようにと、アドバイスされていた。ところが逆光になって、さっぱりうまく映らない。彼に言わせると、逆光だからこそ、面白い写真が撮れるんだと…。写真というものは、計算ができない意外性の芸術という側面もあるらしい。ペルゲの遺跡は広大だし、観光客も凄く多い。しかし、日本人観光客には、ついぞお目にかからなかった。ペルゲに日本人が来ないのは、世界遺産に登録されていないから、日本の旅行社がツアーに組みこみにくいのだろう。ペルゲは近年中に世界遺産に登録

式とよばれるもので、ギリシャの円形劇場のように両翼が円形のステージを囲むようにやや延びている。

観客席への入り口は地表部分と同じ高さになっていて、踊り場のようにテラスがあるが、同時にアーチ構造になった回廊がぐるりと両翼に延びていた。これがとても美しいと感じた。

スィデを散歩

スィデの通りは、海辺にあるアポロン神殿に続くメインストリートで、道の両側には土産物屋が軒を連ねていた。建物の造りといい、日本の門前町の風景に似ているなあと思った。こういう街を、ツアーの最後にプログラムするというのも、パックツアーの定番なんだろう。われわれのパーティはたった七人だったせいもあるのか、ガイド氏は、帰りの集合場所だけを指示して、時間の許す限り各々が勝手に行動してくれと言い残し、カフェに入っていった。

ぼくは、遺跡のなかにあるリゾート地ってのもいいもんだなあ、とつぶやきながら、ぶらぶらと半島の周囲に沿って写真を撮ったり、土産物屋の店頭を覗いたりしながら、ゆったりしたひとときを楽しんだ。

アンタルヤ考古学博物館

アンタルヤには、旧市街のそばを通る路面電車がある。

単線の電車で、二キロくらいの距離をシャトル運行されていた。この電車の西の終点駅がミューゼ、つまり博物館駅となっている。その駅を降り

されるだろうから、そうなれば否というほどの日本人観光客が、ドバァ～ッと訪れるだろうことは想像に難くない。

アスペンドスでは、古代劇場跡とアクアダクトを見学し、スィデでは海に面したアポロン・アテナ神殿の遺構を眺めた。アンタルヤを起点にした、ペルゲ～アスペンドス～スィデの遺跡を巡るツアーは、充実した一日を提供してくれた。

アンタルヤは地中海に面したリゾート地で、トルコという国をまったく感じさせない。一一月だというのに、ランニングシャツ・半ズボンで季節感のまったく乏しい爺々・婆々たちが多い。ほとんどが白人だということから、ロシアや北欧・東欧のお金持ちが、太陽の日差しを求めてやってきたのだろうと推定される。ペルゲが世界遺産に登録されれば、アンタルヤはその観光ツアー拠点として、街中に日本人観光客があふれかえることになるだろう。そうなったとき、この爺々・婆々たちはいったい何処《どこ》でたむろするつもりなんだろうかと、余計な心配をしてしまった。

山﨑さんの提案で、本日の夕食はホテルで摂ることになった。ワインを一本頼む。アンゴラの赤で四十五リラ。スーパーマーケットでは、十八～二十リラで市販していたから、ホテルで四十五リラは、とてもリーズナブルな価格だ。味もヴァン・ド・ターブル（テーブルワイン）としては、充分合格点が付けられる。奇妙なことにこのホテルには、メニューが一種類しかなかった。スープは癖がないトマト風味で、前菜は野菜のペーストや紫キャベツ等のビネ

ると目の前にアンタルヤ考古学博物館があった。

入ってみておどろいたが、この博物館は見ごたえがあった。考古学的発掘品を中心に、近世の武器や絨毯、キリスト教関連の展示品が広い館内の一、二階に展示されていた。

しかし、なんといってもすばらしいのは、ペルゲやアスペンドスなどのローマ遺跡などから出土した大理石彫像がところ狭しと展示されていたことだ。モチーフとなっているのは、ギリシャ神話の神々や哲学者、ローマ皇帝・高官と思われたが、復元・保存状態がとてもよい。また、見せ方も工夫されていた。

イスタンブールに発つ前の二時間ほどしか時間がなかったので、隅から隅まで見学することができなかったのが悔やしかった。

それまで、イスタンブールの考古学博物館、エフェソス博物館、アンタクヤ考古学博物館の展示を見たが、ギリシャ・ローマ時代の展示物ではアンタルヤが最も充実しているのではないかと思った。アンタルヤへ行ったら必見である。

セント・ニコラス

クリスマスには、サンタさんがやってきて、プレゼントを眠っている子どもたちの枕元に置いていってくれる。目を覚ました子どもたちは、美しい包みにくるまれたプレゼントを発見して「サンタさん、ありがとう」と叫ぶのは、いまや世界共通の風景ではないだろうか。

ところで、サンタさんっていったいだれ？　どこの人？　本当にいるの？という素朴な疑問を持つ人は限りなく多いはずだ。サンタクロースの故郷

ガー仕立てだった。メインはトラウトのグリルで、量はたっぷりでてきた。私にとってはあいにく二日連続のトラウトのグリルとなったが、羊のケバブでなかっただけましだと、思いなおすことにした。しかしこのホテルの料理も、トルコ風の欠片もないのはどうしたことだろう。まぁヨーロピアンスタイルの味で、私の口にはよく合致した。

一一月一〇日アンタルヤからイスタンブールへの移動日

朝一番でアンタルヤ考古学博物館を再訪した。ペルゲの遺跡から発掘された彫像を中心に、ギリシアやローマの時代の胸像・石棺が、ところ狭しと展示されていた。石棺は普段あまりお目にかからない代物なので、棺全面に施されたその豪華な彫刻も含めて興味深かった。入場料十五リラの価値は、十二分にあると思われた。山﨑さんが評するには、彫像類に関していえば、ルーブルより見応えがあったとのことだった。

メディテラ・アート・ホテルの支払い…これは安いのか、それとも高くついたのか。二人二泊一五、七〇〇円は予約時に支払い済み。現地支払いは九五リラ（内訳／ワイン四五リラ・ランドリー代三六リラ・ビール一四リラ）。なぜかディナーの代金請求がない。私たちの目の前で、支配人が入念にチェックした結果なのだから、いいのだろうと深くは詮索せず支払いを済ませた。

は、スカンジナビア半島やフィンランドと思いこんでいる人は多い。それはトナカイやソリに象徴されるように「雪」に縁があるというイメージが定着しているからにちがいない。

サンタさんは実在のセント・ニコラスというキリスト教聖人がモデルになっている。セント・ニコラスは、三世紀～四世紀に現在のトルコ、西アナトリアの地中海沿岸リキアのミラというところで司教をしていた人物らしい。ミラはアンタルヤの近くである。このミラという地域は、雪にはまったく縁がないところだそうだ。

セント・ニコラスがサンタクロースの起源になったのには諸説あるようだが、よく知られてるのは、貧しい商人がいたが三人の娘を嫁がせるための持参金がないため困っていたところ、セント・ニコラスが夜中にその家を訪れてお金がいっぱい詰まった袋を投げ入れたという逸話がもとになっている。

アンタルヤ考古学博物館を見学していたら、セント・ニコラスに関する展示物があるのを発見した。ああやっぱり実在したんだと改めて感動した。

その展示品とは、セント・ニコラスの「聖遺物」であった。彼の遺骨がケースに収められて展示されていた。

セント・ニコラスは初期キリスト教会（正教）では有名な司教で、死後各地にその名前を冠した教会が建てられた。聖遺物はそうした教会の宝物として大切にされていたもので、少し気味が悪いが、キリスト教では古来、亡くなった聖人の体を切り刻んで遺し、ありがたがるという奇妙な風習がある。ぼくには理解できないが。パリのノートルダム聖堂に入ったとき、これでもかってくらい聖遺物があるのを見ておどろいたことがある。

カレイチの街のほぼ中央にあるメディテラ・アート・ホテル。

悠久の都イスタンブールに到達

金角湾をガラタ橋から見ることはだれにでもできる。しかし、金角湾の最奥からイスタンブールの夜景をながめることができる人間は限られている。トゥルクハウス宿泊者の特権だ。

旅の終点イスタンブール

アンタルヤ空港を飛び立ったのは午後一時半だった。シニア・バックパッカー二人組の西アジア横断の旅は、ついに終着点を目前にしていた。

イスタンブール。

なんて耳に心地よい町の名だろう。ぼくが初めての外国旅行に選んだ都市。あれから二十年以上が経っているが、その間、ぼくは四回もこの町に来ている。来るたびにワクワクする。これほど蠱惑《こわく》的な都市は世界のどこにもないのではなかろうか。

ぼくがこの都市に惹きつけられるのは、西ヨーロッパ人が異文化圏としてオリエントに憧れイスタンブールを目指した心境と同じものなんだろうか、と自問自答をしてみる。

二十一年前、ファーイーストからたった一人でやってきて、猥雑な埃っぽい街の坂道や路地裏をうろうろと歩き回るうち、ぼくの心

ガラタ橋で夕食

イスタンブールに向かう飛行機内で、今夜泊まるトゥルクハウスのバウチャー（ホテル予約時の支出に関する証拠書類）を探していると、昨夜のメディテラ・アート・ホテルのバウチャーがでてきた。よく見ると朝食・ディナーつきと書いてある。しまった、一一月八日の夕食は街に出てしまった。得をした気分が一転して、大損したような気分に暗転した。それにしても二人二泊一五、七〇〇円は安価すぎるのだが……さらにディナーつきだったとは…きっと何かのまちがいだったのだろうと思いこむことで、大損した気分にけりをつけることにした。

イスタンブールは相変わらず、渋滞が酷い。ホテルまでタクシーが裏道ばかりを選んで走っているようだ。今夜から二泊するホテルトゥルクハウスは旧市街側の山腹にあった。ホテルはロッジというか、ヒュッテというか、こじんまりした棟が敷地内に散在して、一

をむんずとつかんで離さなかったのは、おそらくこの都市の持つ歴史の匂いだったのではないかと思う。

一千万人以上がひしめく都市は、地球上には東京をはじめとしていくつかある。しかし、二千年以上の連綿とした歴史を持つ大都市は、イスタンブールをおいてほかにない。

紀元前にすでにこの街は開かれ、ビザンチウムと呼ばれていた。その後、ローマ帝国のコンスタンチヌス帝が首都をローマから遷して後、コンスタンチノープルと呼ばれるようになった。イスタンブールと呼ばれるようになったのは、オスマントルコが一四五三年にこの街を征服してからのこと、と一般には認識されているが、実は正式な名前は第一次世界大戦後まで、コンスタンチノープルであり続けたことはあまり知られていない。トルコ共和国の父ケマル・アタチュルクによって正式にイスタンブールとなったのである。

さらに付け加えれば、コンスタンティノープルがオスマントルコのメフメット二世によって陥落させられる五十年以上も前から、この街は、「エストムボル」と呼ばれていたことが、十五世紀初頭にサマルカンドまで旅したスペインのクラヴィホによって記録されている。推測するに、イスタンブールという名称は通称で、六世紀以上にわたってこの街の住民の間で使われてきたのだろう。

支配者が変わっても、マルマラ海と金角湾に挟まれたイスタンブールは常に増殖を続けてきたのだ。いまではボスポラス海峡をはさんでアジア側にも街の裾野を広げている。

ぼくは胸おどらせながら飛行機の窓からイスタンブールの街を見下ろした。ぼくらの乗った飛行機は、マルマラ海上空を抜けてボス

つのホテルを形成しているようであった。近辺を散策していると、ジェトン（イスタンブールの公共交通機関で使用できるコイン・カード）のロープウェーがあった。乗車賃一・七五トルコリラ（以下リラ）。恐る恐る乗ってみる。二カーゴで十六人乗れば満員の代物だが、標高差百五十メートル程を一～二分で昇降できる優れものだった。しかも乗れば即刻、自動運転するので、利便性は極めて高そうだ。

ロープウェーを降りると、すぐに金角湾にでたので、今度はジェトンの乗合船　乗船賃一・七五リラに乗り、アクサライあたりまで行ってみることにした。乗合船からガラタ塔のライトアップが映えて見える。山﨑さんがいうには、ガラタ塔は展望台の上部がナイトクラブになっているとのこと。ガラタ塔の展望台に上がったことはあるが、そのとき添乗員はナイトクラブの存在について何も語っていなかったのだが…。山﨑さんはどこからそんな情報を仕入れてくるのだろうか？

次回来るときは、そのナイトクラブへも行ってみよう。ガラタ橋の橋脚下のレストラン街で夕食を摂る。前菜はボーイのいいなりに頼んだ。人参や紫キャベツや赤いパプリカに、薄味をつけたピューレをかけた一皿が、ド～ンとでる。二人で半分ずつなのだが、これだけでお腹が一杯になりそうな量だった。エフェスビールを頼む。イスタンブールでも、気軽に飲酒ができるのは、シルケジ地区のガラタ橋周辺が一般的なようだ。旧市街地の山腹にあるトゥルクハウス近辺での飲酒は、多分不可能だろうと思われた。食事後エジプシャンバザールの場所を確認して、またジェトンを使ってホテルに戻った。

山﨑さんは下痢気味とのことで、ちょっと心配をしたが、夜間の

ポラス海峡をかすめながらいったん黒海に抜け、旋回をしたのち、北のほうからイスタンブール空港へ侵入していった。眼下には二十一年前よりもさらに拡大した街が、黒海沿岸からマルマラ海まで太陽の光をうけて、白くあるいは赤く輝いていた。

金角湾

イスタンブールの外国人観光客向けホテルは、新市街、特にタキシム広場周辺に集まっている。高層ホテルの魁《さきがけ》となったエタップホテルはそのなかでも特に高級ホテルとして知られている。

ぼくは日本を発つ前に、イスタンブール滞在時のホテルを予約したが、エタップはあまりにも料金が高いので断念、その三分の一の値段で泊まれるトゥルクハウス・ホテルをネットで見つけた。場所を地図で確認すると旧市街に近いようにも思えた。

空港からホテルの名を告げて乗ったタクシーは、旧市街を囲むテオドシウス二世の城壁からはどんどん離れ、民家の間の坂道を登っていった。ホテルは小高い丘の尾根にあった。広い敷地のなかにコテージが散らばり、そのとなりにはブティックやレストラン、カフェが別棟でそれぞれ店を構えていた。瀟洒な別荘地帯のような雰囲気で、タクシーが通り抜けてきたごみごみとした住宅街とはあまりにも対照的であった。

ホテルを出てみると、東側はかなり急な斜面になっていて、そこにテラスがつくられレストランのテーブルが並べられていた。そしてそのテラスからは、金角湾が一望の下に見渡せた。ホテルは金角

鼾はいつも通り凄まじかったから、多分大丈夫なのだろう。このトゥルクハウスというホテルは、ベッドが狭い。夜中に落っこちかけてしまった。でも、シャワーは温度も湯量も充分で、まずは満足できるホテルであった。

一一月一一日　帰国日を明日に控え、お土産調達の日。

トゥルクハウスの食堂は、各棟の宿泊客が勝手に好きなものをチョイスする、いわゆるビュッフェ形式だった。ここの食堂の最大の利点は、朝日に煌めく金角湾の眺望を見降ろしながら、バルコニーで食事ができることだ。ただし、あと四～五年もすれば、周囲の樹木の成長により、現在のすばらしい眺望が阻害されるおそれもあるかなぁと、ついつい余計なことを一方的に考えてしまう。日本では地方の有料道路ができるたびに、車窓から見えるすばらしい眺望を目にし、この眺望込みなら道路利用料金にも納得できるなどと思うのだが、十年もたつと、周辺の樹木の成長にすばらしい景観が飲みこまれ、ただの見晴らしの悪い道路と化してしまうのを、否というほど見てきた。

ここトルコでは、このような日本の愚を絶対に繰り返さないで欲しいものである。バルコニーでの朝食は、温かいトマトピューレが美味しかった。子猫が一匹おこぼれを待っている。ちょっと待っておいで！　ソーセージとチーズをもらってきてあげるからと、席を立ちかけたとき、目の前で歓声が上がった。ドイツ人とおぼしき、ちょっと豊満な女性の誕生日らしく、ホテルがケーキを用意したようだった。三十センチはある腰高のデコレーションケーキは、朝っ

ブルーモスクの内陣。

金角湾の全景（ピエール・ロティ、アジヤデより望む）

ブルーモスクの回廊。

バレンスの水道橋の下に立つとその大きさに圧倒される。

湾の最深部近く、ちょうど角《つの》のカーブ付近にあることがわかった。

金角湾は天然の入り江で、古代から良港として利用されてきた。一方で東ローマ帝国の首都としてコンスタンチノープルが地中海世界に覇権をとなえている間は、金角湾はマルマラ海と双璧をなす天然の防障として機能していた。湾の入り口に太い鉄鎖が渡されて、艦船の侵入を防いでいたのだ。そのため、コンスタンチノープルを攻めて東ローマ帝国の命脈を断とうとしたオスマントルコのメフメット二世は、軍船をボスポラス海峡から山越えさせて金角湾に運び、ついにコンスタンチノープルを落した。一四五三年のことだ。

テラスから金角湾を一望におさめていると、イスタンブールを駆け巡った歴史事件が想起されて、まるで自分が生き証人にでもなったような錯覚にとらわれてしまう。ぼくらの宿は図らずも金角湾（ハリチ）に近い絶好の場所にあった。ラッキーというほかない。

イスタンブール滞在は二泊であったが、実質の二日間、旧市街を歩き回り、ウシュクダラまで足を伸ばした。市内観光の基点となったガラタ橋までは、金角湾の両岸をジグザグに進む渡し船を利用した。料金が安いこともさることながら、交通渋滞でざわめく両岸の喧騒をさけられたので、ちょっぴり優越感にひたることができた。

世界遺産イスタンブール歴史地区

ぼくはイスタンブールには四回も行っている。しかし、初回を除けばそのどれもが短期間だった。たった六時間という滞在もあった。だから、イスタンブールはいまだに歩きつくせていない。イスタン

ぱらから食べられる代物ではなさそうだ。その顛末を眺めていたら、案の定、そのまま箱に詰めてお持ち帰りになった。子猫も私の足もとでしばらく待っていたようだが、しびれを切らしたのか、何処かへ行っちまった。

ジェトンでお手軽近郊めぐり

昨日覚えたジェトンのロープウェーと乗合船を乗継ぎ、ガラタ橋を再訪。船上気づいたことだが、トゥルクハウス一帯の山腹は、広大な墓地だった。地図的には、金角湾の奥の少々手前といったところだ。ガラタ橋〜エミノニュの船着き桟橋一帯は、もともと活気があるところなのだが、この日は特にボスポラス海峡クルーズの呼びこみがヒートアップしていた。おそろしくでっかい声でがなりたてている。山﨑さんは呼びこみのおっさんに、ルメリヒサールとアナドルヒサール（どちらも一五世紀にオスマン帝国がビザンチン帝国攻略のために築いた要塞）で下船することはできるかと聞いているのだが、相手にしてもらえない様子で、結局クルーズはパスすることになった。私はすでにこのボスポラス海峡クルーズは体験しているからいいのだが、山﨑さんのほうはルメリヒサールに未練たらたらの様子であった。

しかしその未練を断ち切って、ジェトンの乗合船で、アジア側のカドウキョイへ。カドウキョイから市内バス一・一リラで、ハイダルパサ駅に行く。ここはアジア鉄道の最終着駅だが、一九〇九年に完成開業した歴史を感じさせる荘厳な雰囲気を持つ駅舎だった。あ

ブールを離れるときは、いつも悔いばかりが残る。また、あれとあそこを見忘れたと。

イスタンブールが世界遺産に登録されたのは一九八五年である。日本が世界遺産条約締約国になる七年も前である。世界遺産リストには「Historic Area of Istanbul」として登録されている。直訳すると「イスタンブール歴史地区」となるのだが、これは京都が「Historic Monuments of Kyoto」として表記されているのとはニュアンスがちがう。京都の場合は物件が一つひとつ特定されているのに対し、イスタンブールの場合は漠然としたエリアを指定し、そのエリア内の物件をおおまかに指定しているとみえなくもない。

だから、ぼくはイスタンブールに来るたび、世界遺産を見ておこうと思うのだが、どこまでが世界遺産の物件か分からなくてとまどってしまう。

そのなかでも、わりとはっきりとしているのは、アヤソフィア聖堂、ブルーモスク、ヒッポドローム跡、バレンスの水道橋、スレイマニエ・ジャーミィ、カリエ・ジャーミィ、テオドシウス二世の城壁、トプカプ宮殿である。

これらの遺跡や建造物はこれまでに幾度か訪れていた。しかし、実際にはこれ以上に世界遺産として登録されている物件があるみたいだ。

イスタンブール歴史地区とは、「考古学的に重要な公園」「スレイマン期街区」「ゼイレック街区」「塁壁圏」の四つの範囲を指している。

先にあげたいくつかの建造物などは、これらの範囲のいずれかには必ず入っているようだ。しかし、例えばテオドシウス二世の城壁

とで知ったことだったのだが、このハイダルパサの次の駅（ソユトリュチェシメ）に、トルコサッカーの強豪フェネルバフチェの博物館があったらしいのだ。残念なことをした。

ハイダルパサの桟橋からも、ガラタ橋方面行のジェトン船があるらしいので、それに乗ってもどる。

エミノニュからジェトンの路面電車に乗り、イェレバタンサライ（地下宮殿）に行く。ここは、古代の巨大な地下貯水場だ。肥満したドイツ鯉と思われる魚が泳いでいる。小学生の賑やかな歓声が、地下宮殿にこだまする。

地下宮殿から徒歩でアヤソフィアへ。ところが、何たることか！　アヤソフィアは、本日トルキッシュ・ピープル・デイということで、外国人である我々は入場できないとのこと。ブルーモスクをぶらぶら見学し、テオドシウス一世のオベリスクを、あれやこれやといいながら眺めているころから、山﨑さんが普段の彼に似合わず弱音を吐きだした。体調が最悪らしい。先日から整腸剤などをわたしているのだが、効果がないようだ。おそるべし、アンタクヤ・サライホテルの水め！　それでも、古本街をうろつき、ヴァレンスのアクアダクト（水道橋）を見た後、グランドバザールで、下の息子から頼まれていたサッカーユニフォームを買う。トルコのプロサッカーリーグの強豪ガラタサライの、オフィシャルユニフォーム八十USドルを、粘って五十三USドル（希望としては四十五USドル程度まで下がると思っていたけど…残念！）で購入。

イェニ・ジャーミィ前を待ち合わせ場所にして、お土産購入のためにそれぞれ別個に、エジプシャンバザールに突撃した。私は半年

は「塁壁圏」ということはわかるが、ここにはカリエ・ジャーミィも入っている。カリエ・ジャーミィは城壁からはやや離れているのだが。

イスタンブールの旧市街（テオドシウス二世の城壁と金角湾、マルマラ海に囲まれた範囲）全体が歴史的なモニュメントなので、その全部が世界遺産じゃないかと乱暴な発想もしてしまいがちだが、人間が生活し続ける都市を世界遺産に登録するのは、その保全を考える上では難しいのではないかと思う。

今回のイスタンブール世界遺産探検で歩いたところは、「考古学的に重要な公園」と「ゼイレック街区」だけであった。

イェレバタンサライ

トプカプ宮殿やアヤソフィアがある地区に地下宮殿なる遺跡がある。

宮殿とは通称で、正確にはイェレバタンサライと呼ばれる地下貯水場の跡である。

コンスタンティヌス帝のときに造られて、ユスティニアヌス帝のときに拡充されたと考えられている。コリント式の円柱が縦横に整然と並んで大きな空間をつくりだしている様はなかなかに壮観である。

この地下貯水場のある場所は、世界遺産の登録地区にあたる「考古学的に重要な公園」の範疇《はんちゅう》に入っていると思うのだが、この遺跡が世界遺産物件なのかどうかは判然としない。


前の経験で味をしめた乾燥イチジクをどっさりと購入した。乾燥イチジクは、トルコのお土産としては、特にお薦めだ。日本では口にする機会が少ない乾燥イチジクだが、一度口にすると癖になる美味しさだ。山﨑さんからは、荷物は小型・軽量を最重要視するように訓戒を受けていたのだが、どうせ荷物は飛行機が運ぶんだと考え直し、乾燥イチジクをさらに追加した。山﨑さんは、チョコレートケーキの詰め合わせ（オリジナルの詰め合わせを､店員に頼んだとのこと。喋《しゃべ》れるというのは、大いなる武器ですなぁ）。

彼は今夜の食事は抜くというので、私もつきあうことにして、ジェトンの船とロープウェーを乗り継ぎ、一八時五〇分ごろに山腹の巣穴にもどった。今日はジェトン様さまの一日だった。彼は、

地下貯水場で展示されているメドゥーサの横向きの首

二十一年前（一九八九年）にイスタンブールを訪れたときに、この貯水場はすでに公開されていた。

ぼくはショーン・コネリーが主演した００７映画が好きで、第二作『ロシアより愛をこめて』は繰り返し観た。イスタンブールが舞台となっているが、そこにこの地下貯水場が出てくる。ソ連大使館を探るためにグランドバザールの地下から舟で地下水路を行き来するという設定になっている。映画は一九六二年ごろの製作なので、当時からすでにおなじみになっていたのだろう。しかし一般に公開できるような設備になったのは八七年ごろらしい。

ぼくが八九年に訪れたときは、地下貯水場の最奥部の柱の下からメドゥーサの首が見つかったことが話題になっていた。もちろんぼくも見学したが、今回あらためてメドゥーサの首の辺りへ行くと、すっかり観光目玉になっているらしく、三百六十度どこからでも見れるように通路が親切につくられていた。地下水は、以前より少ないと感じたが、鯉のような大きな魚がいたるところで悠々と泳いでいた。ライトアップされた柱の列を眺めてチャイを楽しめるカフェまである。二十一年の間にすっかり洗練された観光名所になったんだなあとひとしきり感心したしだいである。

ちなみに最近公開されたアメリカ映画『インフェルノ』のクライマックスシーンにイェレバタンサライが使われている。

アジアの鉄道のターミナル

イスタンブールはボスポラス海峡をはさんでヨーロッパとアジア

地下宮殿の別名があるように、貯水場の中は整然とした列柱回廊になっている。

の両大陸に街が広がっている。この両大陸に住むイスタンブール市民は、橋もあるが、船でお互いを行き来している。アジア側の船着場のあるところがウシュクダラと呼ばれている地区である。

ぼくが子どものころ、江利チエミが「ウシュクダラ・ジベリケ・オンボロ・ディヤンム」などと歌うのを聞いていたが、このメロディはなぜか私の脳裏に刷りこまれて、いまでもときどき口ずさむことがある。この歌詞は、正確には「Üsküdar'a gider iken aldi da bir yagmur」とトルコ語で表現されるらしい。

ぼくはそんなことはお構いなく、「ウシュクダラ・ジベリケ・オンボロ・ディヤンム」と口ずさみながら、ガラタ橋の脇の船着場から一・七五リラの船賃を払ってアジア行きの船に乗った。

余談だが、イスタンブールでは、メトロにしても、渡し船にしても、ロープウェーにしても、通勤に使われる交通機関はほとんどが一・七五リラ（約百円）で乗れる。一方で、ホテルが斡旋していた専用バスによる観光客向けの一日フリーパスは数十ドルの価格だった。

ウシュクダラに着くと、そこは市民の喧騒にあふれていた。外国人観光客が上陸するのは稀のようで、特に客引きも観光客向けの案内板もない。ぼくたちは、とりあえずアジア側の鉄道のターミナル駅となっているハイダルパサに行ってみたいと、交通機関を探した。船着場のわきではおびただしい数のドルムシュやオトビュスが、あわただしく出入りを繰り返している。

ハイダルパサ行きのバスを教えてもらおうと近くの人に英語で尋ねても通じない。こういうときはトルコ語の「ネレデ」という単語

トゥルクハウスのベッドに服を着たままゴロリと横になったとたん、大鼾《おおいびき》を掻きだした。余程疲れていたのだろう。私はシャワーを浴び、お土産をパッキングし、明日の帰国に備える。不思議なことに、夕飯抜きなのに空腹感はまったくない。

閑話休題（その三）

今回の旅行は、計画立案・コース設定・ホテルの予約からガイドの手配、はては共通財布の収支計算に至るまで、すべて山﨑さんにおんぶに抱っこし、私にとっては超ラクチンの旅だった。彼の大鼾に、夜な夜な悩まされ続けたこと以外は、私は体調面も精神面でも、ストレスゼロの絶好調だった。

一方の山﨑さんはといえば、旅の後半、体調はあまりよくない様子だったが、弱音はほとんど吐かない。そこで彼の強さについて考えてみた。

彼の強さは、裏を返せば私にないものを持っていることが、つまり彼の強さのひみつのように思える。彼の思考の特徴は、海外旅行をする場合、旅の最終目的はたとえ身ひとつになっても、絶対に日本に帰国するという、強い意志を持つことらしい。だから帰国手段が確保されなければ、その確保に全力を挙げる。四の五のとは言っておれない緊張感があるのだ。一方の私はといえば、旅をいかに楽しむかを目的としているので、小遣いが幾ら残っているかとか、次の食事は何を食べようかとか、彼にとっては枝葉末節のことにこだわっているのである。もう少し言い方を変えれば、世界の未踏峰を

が役に立つ。「どこですか」という意味で、ドウバヤズットからのトルコ入国以来、大いに助けてくれた片言語である。あたりかまわず「ネレデ・オトビュス・ハイダルパサ」などとあやしい文法にも気にせず声をかけ、ようやく目的のバスを見つけ乗りこんだ。

　通勤・通学に利用されているので、バスの中は立錐の余地もなく市民が次から次へと乗り降りを繰り返す。バスは起伏の多い道路をくねくねと進んでいく。はたしてどこで降りればよいのか見当がつかないので、ぼくの横に座っていた若い女性に英語で尋ねると、恥ずかしそうなそぶりで、近くに来たら教えてあげますと言ってくれた。バスの心地よい振動にうとうととしていたときに、隣の女性から次のバス停がハイダルパサであると教えられた。窓の外を見るとちょうど鉄道の線路をまたぐ橋の上で、ああこれなら自分でもわかっただろうなと思った。女性にお礼を言うと、にっこり微笑《ほほえ》んでくれ、その笑顔がまたきれいだったので、ウシュクダラはいいところだなあと思った。

　ハイダルパサ駅は、マルマラ海に突き出した岸辺に建物があった。これが鉄道の駅かとたまげるほど立派な建物で、内部は天井も高く美しく装飾されていてまるで宮殿のなかにいるようだった。外観も豪奢な造りとなっていることにおどろいた。ヨーロッパ側にあるシルケジ駅とは雲泥の差があると感じた。

　ホームは四本あったが、入り口に近いところが九番という表示だったので、さらに奥まったところにもあるのかもしれない。

　改札口はなく、ホームまでは自由に入れた。停車している列車はどれも精悍な顔つきで、アジア大陸を横断するツワモノという印象

目指す登山隊があるとすると、私はベースキャンプ周辺で、アタック隊のサポートに徹するタイプだろう。どう贔屓《ひいき》目に考えても、私には登頂という成果を得るためのサポート隊またはトータルコントロール隊の役目しか担えない。しかし彼はあくまでもアタック隊で、初登頂を目指すタイプなのだと思う。最終目的が明確で、よくいえば目的至上主義、別のいい方をすれば唯我独尊型である。山﨑さんと私の違いは、とても単純なことなのだとも思う。つまり、私には「羞恥心」と「恐怖心」が常に心の底にあり、それらの葛藤のなかで生活しているのだが、彼にはそれがないというか、まったくといっていいほど、この二つともが欠落しているということなのだ。例えば、私は英会話力がないことを恥じ、外国人と接することに恐怖心を感じるのだが、彼にはそのようなことは枝葉末節中の末節で、羞恥心の欠片が微塵もないのである。彼のことを目的至上主義とか、唯我独尊型と書いたが、そんな枠だけには留まらないのが、彼の彼たる所以なんだろう。奥さんと実のお袋さんを東京に残し、滋賀県長浜市の山間の在所にひとり住み、コメ作りをしている。その彼が在所の自治会の会長に選ばれてしまった。彼の住民票は東京にあり、滋賀県では地方選挙の選挙権すらないのだが…。小さな在所特有の、老齢化の加速と人材不足が背景にあるのだろう。こんな彼を自治会長に選ぶ方もどうかしているが、引き受ける方も引き受ける方だと、椅子から転げ落ちんばかりにおどろいてしまった。しかし当の本人は平然としたものである。これが「山﨑喜世雄の強さ」なのだと思うし、正直羨ましくもある。そこで私たちテニス仲間は、畏敬の念を込めて、彼のことを「村長さん」と呼んでいる。

だ。いったいこの鉄道の東の果てはどこなんだろう。

グランドバザール

グランドバザールの西側に、イスタンブール大学がある。旧市街の中では最も広大な緑地を抱える地域で、入り口には立派な門がある。門の周辺はベヤズイット広場と呼ばれる地域で、その近辺にはグランドバザールを始め古本街やアクサライなどの繁華街があり、文字通り旧市街の中心である。

二十一年前の旅行では、イスタンブールにはイズミールから舞い戻り、ホテルをさがすためにこのあたりの路地をうろうろした。飛びこみで入ったホテルに二十ドルで宿泊した。シャワーがあるだけの粗末な部屋だったが、そのホテルを基点にしてイスタンブールの市内を探検に行ったことを思い出す。そのときに泊まったホテルはいまもあるのだろうかと、あたりに足を向けてみたが、街の様相がすっかり変わっていたので、通りすらおぼつかなかった。

また、その当時ミニアチュールを買い求めた古本街も、見つけることはできなかった。たしかこのあたりだったがとしんぼう強く歩いたがかなわず、自分の記憶のあいまいさを痛感した。

グランドバザールのなかは、相変わらずたくさんの店がびっしりと軒を連ねていたが、二十一年前に比べるとこぎれいになっている気がした。観光客が多いせいかもしれない。

村上さんは、ここでサッカークラブ、ガラタサライのユニフォームを買った。百戦錬磨の商人を相手に堂々と渡り合い、八十ドルと

ボスポラス海峡側から見たハイドロパサ駅

値づけされたものを半分に値切ることに成功した。店員は村上さんを「マフィア、ヤクザ」などとののしっていたが、人懐っこい笑みを浮かべて商品を手渡していたのをみると、彼もけっして損をしたのではないと思う。

ピエール・ロティ

イスタンブールには二泊滞在したが、そのホテルはトゥルクハウス・ホテルという名前であることは、前に述べた。

このホテルの所在地は、ピエール・ロティ・テペス（Pierre Loti Tepesi）という地名になっていた。

ピエール・ロティとは、十九世紀後半から二十世紀初頭にかけて数々の著作を遺したフランスの小説家の名前である。職業は海軍軍人で、軍務で世界各地を巡っている間に体験したことなどを題材にして、自伝的な小説を多く書いた。日本にも二度寄港したことがあり、『お菊さん』『秋の日本』などの作品がある。

ピエール・ロティの処女作となったのは『アジヤデ』という作品で、イスタンブールでの体験をもとにまとめられた半自伝的小説である。ロティが『アジヤデ』を書き上げた場所が、ぼくらが宿泊したホテルのある地区である。

ピエール・ロティは、イスタンブールを大変気に入っていたようで、特に金角湾が一望の下に見渡せるチャイハネに連日通っていたらしい。そのチャイハネの店名を「アジヤデ」という。

「アジヤデ」は、金角湾の奥、エユップという街区にあり、周辺は

帰国

一一月二二日、帰国日。私は最後のホテルの朝食ということもあって、茹で卵二個と五種類のチーズを各三片。キュウリとトマトそれぞれ四片ずつ。トマト風味のベジタブルピューレと種抜きブラック・オリーブ四個・種抜きグリーン・オリーブ四個。さらにプレーン・ヨーグルトでお腹を満たした。

帰国便のイスタンブール～ドーハ間は満席だった。ドーハでは、一七時三〇分～一時一〇分まで長～いトランジットタイムの始まりだ。デューティーフリーショップ（免税店）で、珍しいゴディバの板チョコを発見し、お土産用に買い足した。このとき、ズボンのお尻のポケットから二十トルコリラがでてきた。あれほど困っていたときにでてこずに、もう使えなくなってからでてきやがった。トルコにまた来いということか。そんな他愛もないことを考えながら、私が旅したイランという国・トルコという国をあとにし、帰国の途についた。

私は今回の旅行で、ズボンのポケットに万歩計を忍ばせて、毎晩その日の歩数を記録するようにしていた。この万歩計は私の健康管理のために、家内が私に持つことを義務づけたもので、当初は煩わしくて仕方がなかったが、慣れるとこれはこれで毎日記録をつけることが、楽しみになってきたから不思議なものだった。

今回の旅行の記録として、参考までに私が歩いた歩数と、その歩数から推定した踏破距離を、一覧表にして表示しておく。

この一覧表からわかる通り、私たちは毎日約八・五キロメートルを、

急な山の斜面に広がった墓地に囲まれているが、その斜面の最も高いところにある。「アジヤデ」は崖沿いの細長いテラスを見下ろす位置に店を構えていた。ハリチ（金角湾）は目の前だが、急な斜面のため一気に下る道はなく、代わりにロープウエーが「アジヤデ」とハリチを結んでいる。

ロープウエーを利用すると、ホテルからハリチの渡し船の船着場まですぐに行けるし、料金も安い（約百円）ので、ぼくたちはこの簡便な交通機関を大いに利用させてもらった。このロープウエーは、たった二つしかないゴンドラがシャトル運行するもので、設備が立派なわりに、乗客が少ないのを不思議に思っていた。ぼくら二人しか乗客がいなくても、待ち時間なく動かしてくれたのには、感激したが。きっと休日にはピエール・ロティをしのんでアジヤデを目指してたくさんの人が集まってくるのだろう。

イラン・トルコを縦断する四千キロにおよぶシニア二人の冒険旅行はこれで無事に終わった。

その後、ぼくたち二人は、二〇一四年に二度目の西アジア突撃ツアーを敢行したが、このときもイスタンブールに立ち寄り、トゥルクハウス・ホテルに三泊した。ハリチが見渡せるこのロケーションがすっかり気に入ってしまったからである。

日時	歩数	推定踏破距離（m）	歩いた地域
10月26日	6,088	4,140	関西国際空港
27日	6,800	4,624	ドーハ空港、イスタンブール
28日	16,188	11,008	イスファハン市内
29日	22,271	15,144	イスファハン市内
30日	15,508	10,545	シーラーズ、ペルセポリスなど
31日	7,878	5,357	テヘラン市内
11月1日	5,210	3,543	アラムート城砦
2日	12,488	8,492	タハテ・スレマーン
3日	13,849	9,417	タブリーズ市内
4日	12,029	8,180	ドウバヤズット、ヴァン
5日	18,038	12,266	ディヤルバクル市内
6日	20,172	13,717	ネムルート・ダゥ
7日	13,478	9,165	アンタクア市内
8日	8,059	5,480	アンタルヤ市内
9日	9,488	6,452	ペルゲ、アスペンドス、スィデ
10日	10,010	6,807	アンタルヤ、イスタンブール
11日	20,737	14,101	イスタンブール
12日	5,589	3,801	イスタンブール、ドーハ空港など
合計	223,880	152,238	
1日平均	12,438	8,458	

旅行中の村上の歩数と推定踏破距離（歩幅を68cmとして計算）

てくてく歩いていたことになる。ツアー旅行では、トレッキング目的のツアー以外は、まずはこんなに歩き回ることはないだろう。個人旅行とは、自由時間が多い＝歩き回る機会が多い＝体力がないと楽しめない…という構図が浮かび上がってきた。私も趣味のテニスに励んで、体力維持に努め、機会があればまた山﨑さんと、気ままな旅に出掛けたいと思いつつ、関西国際空港に降りたったのだった。

あとがき

私が世界遺産をめぐる旅を始めたきっかけは二つあります。

一つは、編集者時代の九三年に、当時リストに登録されていた世界九十六か国四百十一の世界遺産すべてを写真入りで紹介する本を制作し、その過程で世界遺産の魅力にとりつかれたこと、二つ目は、自身のホームページ「私が訪ねた世界遺産」を開設したことです。

旅行を始めた当初は世界遺産リストに登録されている数も少なく、生きているうちにすべてをまわることは不可能でも、その五分の一くらいはまわれるかもしれない。それなら足腰が丈夫なうちにハードと思われる地域を旅行しておきたいと考え、おもに地中海世界の東、日本からみて西アジアを先に見ておこうと思いました。

西アジアを見たいという動機はほかにもありました。

欧米から見ての中東には、産油国が集まり、西側諸国が利権を争奪して戦後いくたびとなく紛争が繰り返されてきました。また東西冷戦態勢の崩壊後はイスラム勢力が台頭し、宗教をめぐる争いも絶えることがありません。

これらの地域の紛争に必ず介在しているのは超大国アメリカで、日本にいる私たちはアメリカというフィルターを通した情報にしか接する機会がないという現状です。

私は、アメリカという国を訪れたことは一度もなく、アメリカの実像を知る機会はありませんでした。そのとき、頭をよぎったのは、アメリカを知るにはアメリカと敵対している国に行けばわかるかも

あとがき

外は雨。これからシーズンインするであろう、若狭湾のマイカ釣りにそなえた仕掛け作りに疲れた私は、ベッドに寝転がり、図書館から借りてきた大型写真集『扁舟《こぶね》にて—オーパ、オーパ!!』（開高健著）を開き、見るとはなしに眺めていた。五〜六ページもめくっただろうか。開高健の得意ポーズが突然現れた。彼の正確な身長はわからないが、一六〇〜一六五センチほどの小太りの男（開高健）が、野原にゴロリと横になり、かたわらには彼と競い合うかのように、三匹の魚が…。これまで幾度となく見慣れた、釣りあげた大物たちとのツーショットフォトだった。三匹の獲物は驚きのホワイト・スタージョン（チョウザメ）だった。文面からは、カナダのフレイザー河でスタージョン釣りに挑戦し、雌が運よく釣れればキャビアを作ろうという企画だった。残念ながら釣り上げた三匹ともが雄で、企画倒れの結果となってしまったのだが、自然相手では致し方なしである。私もスタージョンの写真を見て、即キャビアを連想した。この時、反射的に家内と行ったトルコツアー旅行の記憶がよみがえり、エジプシャンバザールの江戸の松ちゃんの店（ここの店主は日本語が堪能で、親切なうえに日本贔屓でもあるので、安心して買い物ができる店だ）の奥のちょっと怪しげな雰囲気の半地下室で、キャビアの試食をした光景が、ありありとフラッシュバックしてきたのには、正直にいって驚いてしまった。たった一枚の写真から、脈絡のない過去の記憶へとフラッシュバックする現象は、その発生時期を予測することさえ不可能であるが、楽しい旅にでかけてさえいれば、多かれ少なかれ享受できるAFTER TRAVEL（私流の旅の

しれないということでした。そこでまずレバノンに行きました。一九九五年のことです。レバノンは長い内戦の時代をくぐり抜けてようやく内政が整ってちょうど一年経ったころでした。内戦の爪痕を随所に残していましたが、宗教的な確執をのりこえて再建に進んでいたのです。そして、二〇〇〇年には、イランとシリアを訪れました。

これらの国々はアメリカと激しく争っていた国です。さぞや市民の多くは反米で凝り固まっているに違いないと想像していたのですが、実際にその国の人と話してみると、敵対感情を持っている人は一部で、大部分の人はむしろ親しみを抱いていることが分かりました。レバノンでは、アメリカのロック文化に憧れている若者が少なからずいることも知りました。

イランでは、ホメイニ師が亡くなって、アメリカとの関係修復に期待を持っている人がたくさんいることも知りました。シリアの若者も兵役を終えてからどのような職に就けるのか悩みながらも、アメリカを悪く言う人には出会いませんでした。共通して感じたのは、アメリカという国に憧れる人、好きだという人が意外と多くいるという事実でした。

九・一一以降の西アジアは、まさにアメリカや西側先進国の利権をめぐる争いに翻弄されて今日に至っています。ここに住む大部分の人々は「イスラム」による生活規範にしたがって生活しています。私のような異教徒がこの地域を旅行するときは、まずこのような宗教規範で生活する人々をリスペクトするということが大切だろうと思います。自分の文化規範を基準にして相手側と接してはならないと思うのです。

反芻）ということなのだ。脈絡のない話をだらだらとしてしまったが…これがAFTER TRAVELの醍醐味なのだ。このような時の流れに身を委ね、とろとろと空想の世界に浸り込む…。イヤ～ァ旅って本当に良いものだと、心から思ってしまう。

私の年賀状は親戚向けの当たり障りのない、十年一日のようなバージョンと、友人・知人向けの近況報告のバージョンがある。近況報告のバージョンには、趣味の日本蜜蜂の養蜂状況、若狭湾での遊漁釣況報告、海外国内を問わず旅行中に感じたこと、テニスの対外試合の成績報告などを節操無く書き綴っている。一年間の私の趣味の活動の抜粋を、年賀はがき一枚に圧縮するわけなので、必然的に字が細かくなってしまい、読み手の皆さんには大変ご迷惑をおかけしている。山崎さんはこの年賀状のことを、記憶の片隅にとどめていてくれたのかも知れない。

二〇一六年の春の頃、山崎さんが文章を書くことは好きかと聞くものだから、嫌いじゃないョと答えたところ、イランとトルコに行った旅行のことを二人で書こうと言いだした。ヨーロッパ各国、ロシア、USAの政治的思惑が激突する中東にも、とてものどかな国が…今はそうでなくても…ちょっと以前にはあったという事実を伝え残すことも、有意義なことではないかという提案だった。私にとっては、渡りに舟というような話であった。自分が見聴きし肌で感じたイランという国・トルコという国のことを、自分の言葉で発信できる機会を与えていただいたわけで、山崎喜世雄さんには、おおいに感謝している次第である。私としてはこの旅行を通じて見知ったことを、私見を交えながら包み隠さず書きたかった。旅行記という形式をとっているが、当時のイラン、トルコの国の実情が皆さんにうまく伝わったとすればとてもうれしい。ただ心配事もあった。それは自分の物

シリアのアレッポという世界遺産の街へは二〇〇〇年春に訪れましたが、その後のシリア内戦によりこの街は戦場と化しました。数千年の歴史を持つ古都が、まさに一夜にして瓦解してしまったのです。

この街を取材するために入った安田純平さんが拘束され、その後解放されたのは記憶に新しいことです。私の旅と安田さんの取材活動を重ねることはできませんが、身につまされることではありました。平和な生活に身を委ねながら世界の動向を知るには、安田さんのようなジャーナリストの活動があって初めて成り立つことです。危険を冒して取材をする人の活動を国が制限することがあってはならないことで、私たち国民は、ジャーナリストの思想的背景・所属先を問わず支援したいものです。それがフィルターを通さない情報に接する最善の方法だと思うからです。

この本の共同執筆者・村上哲夫さんとは、テヘランからイスタンブールまでバックパックを担ぎながら同じルートを旅しましたが、おそらく全く違う視座で訪れた場所を見ていたはずです。その違いが読者のみなさんにはより分かっていただけるように、それぞれの文章をパラレルに配置しました。

定年を過ぎリタイアしてからでも、このような冒険ができたことを高齢化社会に生きている人々に知ってもらえれば幸いです。

最後になりますが、拙文を校正してくれた米田収氏に感謝申し上げます。そして私のわがままをささえてくれる妻・淳子にお礼の気持ちをこめて献辞とします。

山﨑喜世雄

差し(価値観)で物事を解釈してしまい、結果的には私の価値観を、この本を手にした皆さんに押しつけることになってしまうのではないかという心配であった。そこで私が親しく通った、中国という国と比較することで、私の価値観の印象を少しでも薄められるのではないかと考えた。中国の話題が多くなったのはそのせいであり、なにとぞご容赦を頂きたい。

先日何気なくトルコリラ/円の為替チャートを見ていて驚いてしまった。なんと一トルコリラが二十円にまで下落しているではないか。私たちがトルコ国内を歩きまわっていたときは、一トルコリラが六十円ほどだったから、現在のトルコ国内は、当時と比べるとインフレの大嵐が吹き荒れ物価は急騰し、トルコ国民の日常生活を大いに圧迫しているはずなのだ。

いまトルコ旅行に出掛ければ、このような状況を割り引いたとしても、けっこう豪勢な旅行が楽しめるのではないだろうか。ただ為替レートの下落は、地政学上の不安定さをあらわしている結果でもあるので、充分な注意は必要なのだ。そういえば新聞の広告欄で、トルコ観光ツアー旅行の募集を見かけなくなっていることに気がついた。イスタンブールでのクーデター行為の影響のほかにも、エルドアン大統領が目論む強権政治化が、新たなテロや武力衝突を引き起こす引き金になるのではないかとの、懸念材料になっているのかもしれない。イスラム圏がその宗派を越えてまとまり、カオスの情勢から脱するとき、安心してイスラム圏に旅行ができるようになるのだろう。そんなことを思いつつパソコンのキーボードを打つ手を放すことにする。

村上哲夫

著者紹介

山﨑喜世雄（やまざき・きせお）

1947年滋賀県生まれ。静岡大学理学部生物学科卒。1970年学習研究社に入社。書籍・雑誌編集者として主に児童書を制作。2007年退職。Webページ「私が訪ねた世界遺産」を主宰。

東京都大田区在住。滋賀県長浜市で農業に従事。

村上哲夫（むらかみ・てつお）

1948年滋賀県生まれ。甲南大学理学部応用化学科卒。1970年三菱樹脂株式会社入社、熱収縮性チューブ・食品包装用ストレッチフィルム等の生産技術の管理業務に携わる。2003年化粧品包装用罫線付折曲げ透明ケースの製造会社菱江産業株式会社で社長として経営に携わる。2008年退職。

滋賀県長浜市神照町在住。

写　　真　山﨑喜世雄
イラスト　草野十茂子
装　　丁　サンライズ出版
校　　正　米田収／山﨑淳子
編　　集　山﨑プランニング

シニアパッカー世界遺産の旅　イスファハンからイスタンブール4000キロ

2019年12月10日　第１刷発行　N.D.C.914

著　者　山﨑喜世雄
　　　　村上　哲夫
発行者　岩根　順子
発行所　サンライズ出版株式会社
　　　　〒522-0004 滋賀県彦根市鳥居本町655-1
　　　　電話 0749-22-0627
印刷・製本　シナノパブリッシングプレス

ISBN978-4-88325-671-6　Printed in Japan　定価はカバーに表示しています